Dieter Theobald

Christen sind auch nur Menschen

Dieter Theobald

Christen sind auch nur Menschen

Dieters E-Mails:
witzig, würzig,
allzu wahr

Brunnen Verlag · Basel und Gießen

ABCteam-Bücher erscheinen in folgenden Verlagen:

Aussaat Verlag Neukirchen-Vluyn
R. Brockhaus Verlag Wuppertal
Brunnen Verlag Basel und Gießen
Christliches Verlagshaus Stuttgart
Oncken Verlag Wuppertal und Kassel

Die Deutsche Bibliothek – CIP-Einheitsaufnahme
Theobald, Dieter:
Christen sind auch nur Menschen:
Dieters E-Mails: witzig, würzig, allzu wahr/
Dieter Theobald – Basel; Gießen: Brunnen-Verl., 1999
(ABC-Team; 3641)
ISBN 3-7655-3641-5

Die Bibelzitate sind, soweit nicht anders angegeben, der Bibelübersetzung «Hoffnung für alle» entnommen.

Umschlag: Michael Basler, Lörrach
Cartoon auf Umschlag und Illustrationen:
Ueli Kienast, Winterthur
Satz: Uhl + Massopust, Aalen
Druck: Ebner Ulm
Printed in Germany

ISBN 3-7655-3641-5

Inhalt

Vorwort

Um zu wissen, daß Christen auch nur Menschen sind, bräuchte es wahrlich kein neues Büchlein. Das kann man schon in der Bibel lesen, und das weiß man ja auch aus Erfahrung. Der eigentliche Knackpunkt in diesem Buchtitel sind deshalb vor allem die beiden Wörtchen «auch nur». Da wird ja unterschwellig suggeriert, daß das Christsein vieler Menschen mit so einigen Schwachstellen und Schönheitsfehlern gespickt ist, über die man den Kopf schütteln und die Augen verdrehen kann. Es sind eben die Dinge, über die unsere lieben Mitmenschen und Mitchristen oftmals stolpern und über die sie sich aufregen. Manchmal sogar zu Recht.

Ohne nun speziell ins Grübeln zu verfallen, sind mir spontan einige dieser Schwachstellen oder Schönheitsfehler aufgefallen. Nicht nur bei andern Christen – nein, sogar bei mir selbst. Ehrlicherweise möchte ich das hier in aller Form bekennen.

Ich wollte eigentlich an diese Mitchristen und ihre Gemeinden und auch an die Gemeindeleiter einen Brief schreiben und darauf aufmerksam machen. Aber so viele Briefe – wie soll das gehen?!

Dann dachte ich daran, allen ein E-Mail zu senden. Das wäre schneller, billiger und dazu noch trendgemäß. Aber mir fehlten schlicht und einfach die E-Mail-Adressen der betreffenden Personen. Auch *Ihre* war mir leider völlig unbekannt…

Da kam mir eine gute Idee. Ich sandte all diese Aufzeichnungen über Dinge, die mir bei Christen aufgefallen sind, einfach an den Brunnen Verlag. Der hat kurz entschlossen ein Büchlein daraus gemacht und es unter die Leute gebracht. Und das hat geklappt! Nun haben Sie hiermit also Ihre E-Mails in der Hand. Viel Spaß beim Lesen! Vielleicht entdecken Sie sich ja darin. Und vielleicht schmunzeln Sie nicht nur darüber, sondern denken auch mal darüber nach. Und, wer weiß, vielleicht bringt es auch etwas in Bewegung, so daß dieses «auch nur» im Titel nicht nur eine billige Entschuldigung ist.

Ganz herzlich
Ihr Dieter Theobald

Als Tiger gesprungen – als Bettvorleger gelandet!

Es geschah zu der Zeit, da das Haus McDonald's auch Europa mit dem Cheeseburger zu beglükken begann. Nicht, daß Sie nun denken, ich sei Stammkunde in erwähntem Etablissement. Aber rein zufällig sah ich kurz vor der Tagesschau die Werbung über den Bildschirm flimmern. Nein, so etwas hatte ich bis anhin noch nicht gesehen. Ein Hamburger (sprich: Hämbörger), dreilagig, mit dicken Käsestücken in allen Etagen! Dazwischen noch verschiedene Grünpflanzen und sonstige Leckerbissen. Und das Ganze zu einem Preis, der einem das Wasser im Munde zusammenlaufen ließ. Da stand mein Entschluß fest: Bei nächster Gelegenheit werde ich diesen Gourmet-Tempel aufsuchen und mir den unvergleichlichen Genuß eines solchen Tschiesbörgers leisten!

Am Ort des erwarteten kulinarischen Happenings kam es dann zu einer wahrhaft traumatischen Begegnung: Der Cheeseburger hatte in Größe und Aussehen in keiner Weise Ähnlichkeit mit seinem Bruder im Werbespot. Da hatten die Werbefritzen im Schweizer Fernsehen wieder einmal maßlos übertrieben und wohl ein Vergrößerungsglas vor die Kamera gehalten!

Vergessen wir's! Dieses Trauma wird sicherlich einmal ausheilen in meiner Seele. Ich habe Mister McDonald die Hochstapelei auch bereits vergeben,

seit ich gehört habe, daß er in seinem Vermächtnis die Heilsarmee mit einem Millionenbetrag bedacht hat. Ein paar Rappen von mir sind da auch dabei.

Was mir weit mehr Sorgen und Kummer bereitet, ist die Beobachtung, daß dieses «McDonald's-Syndrom» weiter verbreitet ist, als ich gemeint habe. Ich habe es sogar schon bei mir selbst entdeckt – zwar nur in einem kleineren Maßstab, aber immerhin. Und dann habe ich es auch bei Nachbarn und Freunden bemerkt und sogar bei Kollegen (und Sie wissen vielleicht: Ich bin in einem *geistlichen* Beruf!). Als ich ein Mitglied des Leitungsteams unseres Gemeindeverbandes darauf ansprach, erhielt ich zur Antwort: «Das ist keine Erfindung von McDonald's. Das kannst du auch überall in unseren Gemeinden finden.»

Man könnte dieses Phänomen so umschreiben: Große Worte – aber wenig dahinter! Viele Versprechungen – aber kaum Taten. Imposanter Einstieg – aber bald stillschweigender Ausstieg. Man weckt große Hoffnungen – aber dann geht die Luft aus!

«Als Tiger gesprungen – als Bettvorleger gelandet!»

Das hat übrigens nichts mit der vielgeschmähten heutigen Zeit zu tun. Der kann man ja manches in die Schuhe schieben; aber dies nicht. Das gibt es schon seit Urzeiten. Es muß wohl mit uns Menschen zusammenhängen. Wenn Sie mir einen biblischen Exkurs erlauben (ich kann da ja sicherlich an Vorkenntnisse anknüpfen): «... Und wenn sich alle an dir ärgern, ich nicht!» – Als Tiger gesprungen!

Und dann wenig später die Fortsetzung: «Ich

kenne den Menschen nicht!» – Als Bettvorleger gelandet!

Bevor Sie weiterblättern: Nehmen Sie sich doch ein paar Augenblicke Zeit, und überlegen Sie, ob es auch in Ihrem Leben das «McDonald's-Syndrom» gibt!

«Es geht uns miserabel ...»

Manchmal ist es zum Schienbeintreten! Da begegnet man einem Bekannten auf der Straße oder Glaubensgeschwistern in der Gemeinde und wird immer wieder mit der uns allen geläufigen Frage konfrontiert: «Wie geht es dir?»

An sich ist die Frage berechtigt, denn irgendwie geht es mir ja. Das Problem ist nur, daß die allermeisten Fragenden überhaupt nicht *wirklich* wissen wollen, wie es mir geht. Sie erwarten gar keine Antwort und sind peinlich berührt, wenn ich doch eine gebe. Oder sie sind enttäuscht, daß meine Antwort keine Details enthält, die sie bei passender Gelegenheit andern Bekannten anvertrauen können.

Die Antwort auf die Allerweltsfrage: «Wie geht es dir?» lautet meistens: «Danke, gut!» (Die fromme Variante, wie sie ein Bekannter von mir zu verwenden pflegt, lautet: «Danke, gnädig!») Damit ist dann das Gespräch beendet, und der nächste Fragende kann antreten.

Um einigermaßen gerecht zu sein, muß ich freilich zugeben: Längst nicht immer und längst nicht bei allen Fragenden möchte ich meine physisch-psychische Befindlichkeit preisgeben. Und es wäre wohl auch etwas unhöflich, auf besagte Frage schlicht und ehrlich zu antworten: «Ich will dir keine Auskunft geben, denn es interessiert dich ja nicht wirklich, wie es mir geht.»

Möglicherweise machen Sie ja auch ganz andere Erfahrungen. Vielleicht wecken Sie wirklich das anteilnehmende Interesse Ihrer Mitmenschen. Darf ich Ihnen einen kleinen Tip geben, wie Sie herausfinden können, ob die Anteilnahme echt und tief ist? Antworten Sie doch auf die Frage: «Wie geht es dir?» einfach einmal mit der unverblümten Mitteilung: «Es geht mir miserabel!»

Wenn der Fragende dann nicht auf die Uhr blickt und einen dringenden Termin wahrnehmen muß, sondern nachhakt: «Willst du mir etwas davon sagen?», dann – ja, dann ist der Fragende wohl echt interessiert.

Manchmal geht es uns ja wirklich miserabel. Wie wohltuend sind dann Menschen, die nachfragen und mittragen, die Anteil nehmen und sogar anpacken.

Allerdings ist das mit dem «miserabel» so eine Sache. Wer setzt denn da den Maßstab? Wann geht es uns «miserabel», also so jämmerlich, daß wir allen Grund zum Jammern haben, so kläglich, daß wir zu Recht klagen? Wie gesund muß ich sein, wieviel Geld muß ich auf der Bank haben, wie neu muß mein Auto sein und wie viele Freunde müssen bei mir auf der Matte stehen, damit es mir *nicht* miserabel geht?

An was und an wem messe ich? An den Villenbesitzern der «Goldküste» des Zürichsees oder an den Flüchtlingen aus Kosovo? Am Bankkonto eines arabischen Scheichs oder am Portemonnaie einer ukrainischen Bauernfamilie?

Der Schweizer Finanzminister Kaspar Villiger sagte vor einigen Monaten im Blick auf die Schweizer Bevölkerung den Satz: «Es geht uns miserabel, aber auf einem beachtlichen Niveau!»

Ach, daß ich es nicht vergesse: «Wie geht's Ihnen?»

Gottes bewegtes Volk

Man muß nur die Augen offenhalten oder, besser gesagt, den Blick dafür haben, dann erkennt man es: Gottes Volk ist in Bewegung. Doch, doch, es tut sich was! Und zwar bei uns in der Schweiz ebenso wie in Deutschland und in Österreich.

«Ich hab' noch nichts gemerkt von einer Erweckung im großen Stil», sagen Sie jetzt vielleicht. Ich ebenfalls nicht. Von Erweckung habe ich auch nicht gesprochen. Aber Bewegung im großen Stil, die kann ich bezeugen.

Setzen Sie sich mal ganz still, aber mit wachem Blick bei uns hinten ins Auto, wenn wir am Sonntagmorgen zum Gottesdienst fahren!

Die Straßen scheinen ausgestorben zu sein. Alles schläft, einsam wacht ...

Aber sobald wir auf der Hauptstraße sind, geht

es los. Im Rückspiegel sehe ich ihn schon – mit überhöhter Geschwindigkeit holt er auf und überholt: der braune Mercedes mit dem gelben Fisch auf der Heckscheibe. Ich kenne nur den Wagen, nicht die Leute. Sie fahren auch nur durch unseren Ort hindurch. Ihr Gotteshaus ist weiter talwärts. Im Ort selbst sind es mehr die Fußgänger, auf die wir unser Augenmerk richten. Jetzt beginnt die eigentliche Aktivität. Verhaltenes Grüßen nach links, kurzes Winken nach rechts. Mit den Lippen einen Gruß formulieren – hören können sie uns sowieso nicht. Wieder winken. Lichthupe betätigen. Sie haben uns erkannt. Sie gehören zu den Methodisten. «Schau dort, Baumanns!» Sie gehen in die Landeskirche. Wie schön, wir haben hier einen gläubigen Pfarrer. Aus der Seitenstraße biegt eine Großraumlimousine vor uns in die Hauptstraße ein. Voll besetzt. Die Geschwister fahren zwei Dörfer weiter zur Freien Missionsgemeinde.

Wieder ein Fisch-Auto. «Wo gehören denn die eigentlich hin?» – «Die müssen wohl zur Pfingstgemeinde gehören. Sie haben einen schlanken, stromlinienförmigen Fisch am Auto.» Die entgegenkommenden Wagen kann man leider nicht am Fisch identifizieren. Aber die Gesichter, die Frisuren lassen erkennen: auch *sie* fahren zum Gottesdienst. Wir müssen aufpassen, daß wir vor lauter Autos nicht die Fußgänger unbeachtet lassen. Die einen gehen die Straße hinunter, die andern hinauf. Allein das ermöglicht schon, sie den entsprechenden Gemeinden zuzuordnen.

Richtig anstrengend ist unsere Fahrt zur Chri-

SI
FEG
EMK
GKU

schona-Kapelle, wenn man alle Frommen sehen und beachten will, die unterwegs sind «in ihren Stall». Das ist das Schöne am Sonntagmorgen: Wer jetzt auf der Straße ist, den kann man getrost mit Bruder oder Schwester ansprechen. Gottes bewegtes Volk!

Schlag neun Uhr dreißig sind die Straßen und Gehsteige wieder leer. Alle sitzen in ihrem Gotteshaus, singen, loben und beten.

Gottes bewegtes Volk: Da kommen einem auf einmal ganz komische Gedanken. Wenn alle in *eine* Kirche gingen, wäre doch wenigstens diese eine Kirche voll besetzt. Man könnte im Winter die Strom- und Heizkosten der andern Kapellen reduzieren. Man benötigte weit weniger Benzin und würde die Umwelt mit Sicherheit weniger belasten. Man könnte sogar Pfarrer- und Predigergehälter sparen …

Man könnte …? – Nein, keine Angst, ich habe das nie ernsthaft erwogen. Ich bin Realist – und sonntags selber mit dem Auto unterwegs. Alle zusammenbringen in *eine* Kirche, *eine* Gemeinde?

Wem sollen wir dann noch winken und blinken am Sonntagmorgen?

Gottes bewegtes Volk, die Frommen in sonntäglicher Bewegung: Ich finde das schön! Für mich spiegelt sich darin etwas von der kreativen Vielfalt wider, die Gott unter anderem in der Natur zum Ausdruck bringt. Gott liebt auch in seinem Volk die Vielfalt, er liebt die CG, die FEG, die EMK, die VFMG, die SPM, die GFU, die LK.

Und er freut sich, wenn wir winken, blinken und grüßen!

Haben Christen was zu lachen?

Kennen Sie den? – Sagt der Sohn eines Bankiers: «Mein Vater sitzt in einem Drehsessel, tut nichts und verdient einhundert die Stunde.» Sagt der Sohn des Rechtsanwaltes: «Mein Vater redet bloß mit Leuten und verdient zweihundert die Stunde.» Sagt der Sohn des Pfarrers: «Mein Vater spricht einmal in der Woche zwanzig Minuten lang. Danach müssen ihm vier Leute beim Geldeinsammeln helfen!»

Jetzt denken Sie natürlich: Das ist aber zu billig und zu oberflächlich. Was hat das Lachen über einen Witz mit dem Christsein zu tun?

Sie haben recht! Nichts! – Oder doch?

Doch!

Lachen ist zutiefst menschlich. Es gibt wohl kaum jemanden, der nicht irgendwann einmal herzhaft lachen mußte. Gewiß, es mag Menschen geben, die in Sachen «Lachen» am Existenzminimum leben, und andere, die nur so aus dem vollen schöpfen. Aber können wir uns vorstellen, daß irgendein Mensch nie lacht?

Lachen belebt Leib und Seele. Es entspannt die Bauchmuskulatur. Lachen ist Medizin, die rezeptfrei und nicht apothekenpflichtig ist und bei der wir den Selbstbehalt bei der Krankenkasse sparen. Also nur herzhaft drauflosgelacht!

Haben Christen denn was zu lachen? Oder anders gefragt: Könnte es Gründe geben, daß sie *nichts* zu lachen haben? Manche Christen vermitteln einem ja diesen Eindruck. Also schön, versuchen wir, Argumente dafür zu sammeln:

- Der Glaube ist doch eine ernste Sache!
- Es geht um Tod oder Leben, um ewiges Heil oder ewige Verdammnis. Also ...!
- Beim Christsein sind absoluter Gehorsam und konsequente Nachfolge gefragt. Da hat das Lustig-Leichte keinen Platz! Der Lacher lechzt doch nur nach dem leichten Leben!

Empfinden Sie unsere Aufzählung nicht auch als etwas komisch? Selbstverständlich sind das ganz wichtige Wahrheiten. Aber als Christen wissen wir uns doch mit Gott versöhnt und stehen damit auf der freudvollen Seite dieser Realitäten. Darum kann unser Herz lachen und sich freuen.

Wer angesichts des Evangeliums – der *guten* Nachricht! – in starrer Ernsthaftigkeit versinkt, bringt sich selbst ins Abseits.

Ohne Lachen geht es nicht! Ich jedenfalls kenne keinen Menschen, der nicht lachen könnte oder nicht schon gelacht hätte. Selbstverständlich alles zu seiner Zeit. Und natürlich muß ich mich fragen: Was ist der Grund meines Lachens? Ich kann einen andern anlachen oder auslachen. Es gibt ein Lachen der Freude und ein Lachen der Schadenfreude. Es gibt ein herzhaftes Lachen des Glücks und ein herzloses Lachen des Spotts und der Verachtung.

Es gibt sogar ein Lachen des Glaubens und ein Lachen des Unglaubens. Wie das aussieht, möchten Sie wissen? Aber, aber! Sie sollten doch Ihre Bibel kennen! Mit drei Namen helfe ich Ihnen auf die Sprünge: Abraham – Sara – Isaak.

Nicht wahr, jetzt hat es geklickt!

Gott verspricht Abraham und seiner Frau Sara einen Sohn. Doch die Jahre vergehen. Sie werden alt und immer älter. Als Gott dann konkret wird und ihnen sagt: «In einem Jahr ist es dann soweit!», da müssen beide lachen. An diesem Lachen ist schon viel herumgerätselt worden. Es steckt sicherlich eine rechte Portion Unglauben darin. Ich denke, es ist auch ein Lachen der Verlegenheit, ein Lachen über das Wunderbare, über das menschlich Unglaubliche, das an ihnen und mit ihnen geschehen soll. Es ist aber sicherlich auch ein Lachen der Freude und des Dankes! Als dann Sara mit neunzig und Abraham mit hundert Jahren ihren Sohn in den Armen wiegen, geben sie ihm den Namen, den Gott ihnen genannt hatte: «Er lacht» (hebräisch: Isaak).

Ehrlich: Da bin ich gerne ein «Sohn Abrahams»!

Lieber zahnlos als treulos!

Seit vielen Jahren pflege ich eine stabile Freundschaft mit meinem Zahnarzt. Sie hat sich einfach so ergeben. Manchmal wird einem das ja geschenkt: Ohne großes eigenes Zutun «wird» etwas Wertvolles!

Also diese Freundschaft mit meinem Zahnarzt, die hat einen besonderen Charakter. All das, was üblicherweise zu einer guten Freundschaft gehört, haben wir redlich unter uns aufgeteilt. Ich decke alles ab, was Besuche betrifft. Das heißt konkret: Ich gehe immer zu ihm; er war noch nie bei mir. Dafür deckt er alles Schriftliche ab. Regelmäßig, jedes Jahr, schreibt er mir eine Karte. Keine Ansichtskarte. Seine Ansicht kenne ich ja. Er lädt mich einfach wieder zu einem Besuch ein. Die Termine vereinbaren wir dann telefonisch.

Und meistens – das heißt bis jetzt praktisch immer – schreibt er mir nach einem Besuch noch einen Brief. Damit drückt er seine Freude an unserer Beziehung aus. Ich überweise dann einfach per Postscheckkonto.

Wie gesagt: mein Freund, der Zahnarzt, ist da ungemein treu. Ich kann mich wirklich auf ihn verlassen. Wäre er treulos, wäre ich zahnlos!

Weil ich bei meinem Freund, dem Zahnarzt, regelmäßig meinen Mund weit auftue, kann ich ihn auch sonst ungeniert öffnen. Mir kann man noch ins Maul schauen: keine Lücken, kaum Gold, wenig Amalgam. Weitgehend intakte Natur!

Wenn ich bedenke, was andere in meinem Alter finanziell alles für Corega-Tabs und Kukident-Haftcreme aufwenden! Ich kann das alles in die Freundschaft mit meinem Zahnarzt investieren. Und diese Investition zahlt sich aus – das kann ich Ihnen versichern. Da ist kein Rappen rausgeschmissenes Geld. Alles ist gut angelegt. Mein Freund, der Zahnarzt, hat sein Konto bei der Raiffeisenbank!

TREU SEIN MACHT SICH BEZAHLT..... DER LETZTE IST GRATIS!
Ki

Warum ich Ihnen das alles erzähle? Schauen Sie, es gibt Dinge im Leben, die versteht man erst richtig, wenn man im Alltagserleben oder in der Natur ein praktisches Anschauungsbeispiel hat. Ich brauche solche Beispiele, damit auch tiefere Erkenntnisse in meinem Kopf oder gar in meinem Herzen Fuß fassen können. (Gewiß haben Sie es bemerkt: Auch der Ausdruck «Fuß fassen» ist so eine Metapher, so ein anschauliches Bild – und erst «*im Kopf und im Herzen* Fuß fassen»! Stellen Sie sich das mal plastisch vor!)

Jetzt fragen Sie sicher, was ich aus der so stabilen Freundschaft mit meinem Zahnarzt fürs Leben gelernt habe. Das will ich Ihnen gerne mit dem Spruch eines anderen Freundes sagen, den Sie bestimmt auch kennen. Es ist Salomo. Er schreibt: «In der Not auf einen Treulosen zu vertrauen – das ist so, als wollte man mit einem kranken Zahn kauen oder mit einem verkrüppelten Fuß gehen!» (Sprüche 25,19)

Wenn wir uns auf die Menschen, die uns wichtig sind, nicht verlassen können, und wenn wir selbst nicht zuverlässige Menschen sind – dann ist das wie Zahnweh am Sonntag oder wie Zahnweh bei einem Festessen. Das ist kaum zum Aushalten. Meinen Sie nicht auch? Zahnweh haben oder gar zahnlos sein – das ist «echt» schlimm. Aber noch schlimmer ist Treulosigkeit. Darum: Lieber zahnlos als treulos!

Mein einziges Vermögen ist mein Erinnerungsvermögen

Zugegeben, dieser Satz ist nicht auf meinem Mist gewachsen. Er würde auch nicht ganz auf mich zutreffen. So arm bin ich nun auch wieder nicht. Auf meinem Sparbuch sind einige Fränkli, ich habe ein Auto und eine schöne Wohnung. Außerdem habe ich eine liebe Frau. Allein das macht mich schon zum Millionär!

Aber das mit dem Vermögen ist auch nicht so wörtlich gemeint. Das Erinnerungsvermögen ist an keiner Börse zu handeln, und doch ist es ein unermeßlicher Reichtum. Stellen Sie sich einmal vor, Sie würden laufend alles vergessen, nichts bliebe in Ihrer Erinnerung gespeichert!

Da ginge es Ihnen ja wie jenem Mann, der zum Psychiater kam und klagte, daß er unter Vergeßlichkeit leide. «Seit wann haben Sie dieses Leiden?» erkundigte sich der Arzt. – «Welches Leiden?» fragte der Vergeßliche.

Wenn ich im Album meiner Erinnerungen blättere und mir die verschiedenen Seiten anschaue, komme ich aus dem Staunen nicht heraus. Da sind die Blätter «Reisen». Was habe ich unterwegs doch schon alles gesehen und erlebt!

Oder die Blätter «Begegnungen»: Wie viele Menschen habe ich doch kennengelernt: Originale und Sonderlinge, Senkrechtstarter und Schwerenöter, Durchschnittsbürger und Raritäten.

Vielleicht überrascht es Sie: In meinem Album der Erinnerungen haben auch Liedstrophen und Bibelverse einen festen Platz. Sie sind ein ganz besonderer Reichtum!

Aber was soll ich Ihnen noch alles auf- und erzählen. Schließlich haben Sie ja selbst Ihr Erinnerungsvermögen. Schauen Sie nur einmal nach, und blättern Sie in diesem inneren «Buch». Auch Sie werden Bauklötze staunen!

Nun fragen Sie vielleicht: Was soll das alles? Das ist ja nichts Neues, was der da schreibt.

Stimmt! Habe ich auch nicht behauptet.

Ich will auf etwas ganz anderes hinaus. Und dazu kehre ich vom Bild des Albums wieder zum Bild aus der Finanzwelt zurück:

Es gibt auf dem Konto des Erinnerungsvermögens auch einen Negativ-Saldo. Sozusagen eine Schuldenspalte. Wir sind mit Hypotheken belastet, die wir jahrelang nicht abtragen, sondern ständig weiter aufstocken. Und unser «Minus-Vermögen» wächst und wächst, bis es uns über den Kopf wächst.

Um es ohne Bild zu sagen: Wir speichern nicht nur gute Erinnerungen, sondern auch negative. Und manchmal dominieren die unser ganzes Denken. Es sind die Erinnerungen an all das, was andere Menschen uns angetan und Böses zugefügt haben; die Erinnerungen an Verleumdungen und an Beleidigungen, die uns widerfahren sind, an üble Nachrede und Unterschiebungen.

Wir haben alles akribisch verbucht und notiert. In dieser Hinsicht läßt uns unser Erinnerungsvermögen nicht im Stich. Da sind wir noch topfit.

Doch halt! Wie komme ich eigentlich dazu, in der «Wir-Form» zu sprechen? Bitte entschuldigen Sie! Ich habe freilich nicht Sie gemeint. Ich wollte nur von mir sprechen. Aber manchmal unterlaufen einem solche Pannen.

Sie werden mir das vergeben und meinen Fauxpas nicht in Ihrem Erinnerungsvermögen speichern? Abgemacht?!

«... daß ich meine Pflicht tue»

Ostseeinsel Fehmarn. Fährhafen Puttgarden. Unweit davon liegt das Naturreservat «Grüner Brink». Wir durchwandern dieses Stück unberührte Natur und genießen den Blick auf die Ostsee.

Am Strand ein Denkmal: ein Schiffsmast auf steinernem Sockel. Am 26. Juli 1932 sind wenige Kilometer von hier 69 junge Marinesoldaten mit ihrem Segelschulschiff «Niobe» in den Fluten der Ostsee untergegangen.

Eine Tafel informiert über diese Fakten, und daneben lesen wir folgenden Spruch: «Es ist nicht nötig, daß ich lebe, wohl aber, daß ich meine Pflicht tue.»

Ich bin mir keineswegs sicher, daß die 69 ertrunkenen Marinesoldaten diesen Satz ohne weiteres unterschrieben hätten. Bestimmt hätten alle sehr gerne weitergelebt. Wie rasch werden angebliche Tugenden – und Pflichterfüllung scheint so eine zu sein – hochstilisiert und mit einem vaterländischen Heiligenschein versehen.

Pflichterfüllung kontra Leben – eine merkwürdige Gegenüberstellung!

«Es ist nicht nötig, daß ich lebe, wohl aber, daß ich meine Pflicht tue» ist wahrlich kein Bibelvers. Ich kenne allerdings viele Christen, die den Satz auf dem Denkmalsockel für eine zentrale Aussage des Evangeliums zu halten scheinen. Sie leben ihr Christsein als Pflichterfüllung. Gesetze und Vorschriften, Regeln und christliche Paragraphen begleiten ihr Dasein und säumen ihren Lebensweg. Erfüllte Pflichten heften sie sich wie Orden an ihr christliches Dienstgewand. Diese Leute wissen genau, was man als Christ alles sollte. Bibellesen, Beten, Zeugnisgeben und Gutestun sind dabei nur die herausragenden Forderungen. Das alles sind ja auch wirklich biblische, gut christliche Anliegen. Aber als Pflichterfüllung auf Kosten des Lebens? Nein, danke!

Doch da höre ich schon die Einwände. Hat nicht Jesus selbst gesagt: «Wenn ihr alles getan habt, was euch befohlen ist, so sprecht: Wir sind unnütze Knechte; wir haben getan, was wir zu tun schuldig waren» (Lukas 17,10; Luther)? Und fordert Paulus nicht sogar die Eheleute auf, ihre «schuldige Pflicht» zu erfüllen (1. Korinther 7,3; Luther)? Na also! Auf Paulus muß man sich doch schließlich verlassen können!

Doch ausgerechnet *er* reißt allen christlichen Pflichterfüllern die falschen Orden vom Jackett: «Wenn ich eine Arbeit leiste, habe ich Anspruch auf Lohn. Ohne Leistung werde ich nichts bekommen. Aber bei Gott ist das anders. Bei ihm werde ich nichts erreichen, wenn ich mich auf meine ‹guten› Taten berufe» (Römer 4,4-5).

Wir wollen uns nun nicht gegenseitig Bibelworte an den Kopf werfen. Das wäre eine Kleinigkeit. Ich möchte eigentlich nur, daß wir uns wieder auf das Wichtigste und Primäre besinnen. Und das ist nicht die christliche Pflichterfüllung, sondern ein Leben in und aus der Fülle! Denn: «Christus ist mein Leben» (Philipper 1,21; Luther)! Darum ist es eben doch nötig, daß ich lebe und nicht nur meine Pflicht tue.

Ötzis Pädagogik

Waren Sie schon in den Ötztaler Alpen? – Nein? – Es hätte ja sein können. Macht auch nichts.

Als vor einigen Jahren die Meldung durch die Medien schwirrte, man habe den Ötzi gefunden, da setzte geradezu ein Run ein.

Zunächst kam es fast zu einem politischen Eklat. Nur mit knapper Not konnten die Wogen zwischen Österreich und Italien geglättet werden. Beide Nationen beanspruchten den Fundort als ihr Territorium. Verständlich, wenn man den Wert einer solch vereisten Leiche bedenkt.

Plötzlich war das Ötztal das touristisch meistfrequentierte Gebiet. Scharenweise kamen sie an mit Eispickel, Seilen und Segeltuch, den Rucksack gefüllt mit getrocknetem Rentierfleisch. Überlebensnahrung.

Alle wollten sie einen weiteren Ötzi finden. Klar – wo einer gelegen hat, müssen ja wohl noch andere liegen. Warum sollte sich nur ein einziger in der Eiswüste verirrt und da sein Leben ausgehaucht haben?

Ich war selbstverständlich auch dort. In der Nachsaison. Man hatte da etwas mehr Spielraum. Nun kamen nur zwei Personen auf einen Quadratmeter Ötziland.

Und ob Sie es glauben oder nicht: Meine Buddelei war erfolgreich! Ich fand zwar keinen zweiten Ötzi – das hätten Sie ja sonst in den Medien vernommen. Aber ich fand in Gemsleder eingepackte Pergamentfetzen. Leider nicht mehr ganz vollständig. Aber die erhaltenen Reste deuten darauf hin, daß es sich um ein pädagogisches Konzept aus der damaligen Zeit handeln muß.

Damit wären die Wissenschaftler auch in der Ötzi-Forschung ein Stück weitergekommen. Ötzi muß, meinen Funden nach zu urteilen, entweder Schulmeister oder Familienvater gewesen sein.

Was man da entziffern konnte – höchst interessant! Als ich die Satzfragmente geordnet, zusammengefügt und wissenschaftlichen Methoden entsprechend ergänzt hatte, las ich meiner Frau vor, was Ötzi in seiner Pädagogik zum besten gegeben hatte.

Ihr Kommentar war überaus frustrierend für mich: «Statt in den Ötztaler Alpen herumzubuddeln, würdest du besser die Bibel lesen!»

Wie wenn das Alternativen wären!

Ich wagte dann trotzdem die Rückfrage: «Was meinst du damit?»

Ihre Antwort verblüffte mich total: «Was du mir da vorgelesen hast, hab ich erst kürzlich in den Sprüchen Salomos gelesen.»

Und ich sage Ihnen: Es stimmt. Ich habe selbst nachgeschlagen. Bleibt nur noch abzuklären, wer bei wem abgeschrieben hat.

Ach so, ich habe Ihnen das Zitat noch gar nicht präsentiert. Also schön, hier ist der genaue Textbefund:

«Ihr jungen Männer, hört auf das, was ein Vater euch zu sagen hat. Achtet darauf, damit ihr verständig werdet! Es ist etwas Gutes, was ich euch beibringen will; deshalb schiebt es nicht von euch weg! Ich selbst wurde als Junge von meinem Vater unterwiesen; meine Mutter war so zärtlich zu mir, als wäre ich ihr einziges Kind. Mein Vater sagte zu mir: ‹Präge dir meine Worte ein, vergiß sie nicht! Wenn du tust, was ich dir sage, wirst du leben›» (Sprüche 4,1-4; Die Gute Nachricht).

Das wäre ja geradezu revolutionierend für unsere Zeit,

- wenn wieder die Väter einsteigen würden in die Erziehung der Kinder;
- wenn die Söhne sich den Weisungen ihrer Väter öffnen könnten, weil sie spüren, daß auch ihre Väter nach den gleichen Regeln erzogen worden sind und sich ihnen unterzogen haben;
- und wenn es das Hauptanliegen der Väter wäre, daß ihre Söhne in den guten Ordnungen Gottes zum sinnerfüllten Leben finden.

Falls die Wissenschaft den Nachweis erbringen kann, daß die von mir ausgegrabenen Textfragmente authentische Ötzi-Pädagogik enthalten, habe ich große Hoffnung, daß die Väter unserer Zeit neu motiviert werden können, ihre erzieherische Verantwortung wahrzunehmen.

Falls es allerdings nur Bibelsprüche von Salomo sind … dann sind die Chancen für eine Pädagogik-Revolution wohl gering. Denn wer fragt heute noch nach der Bibel?

Etwa Sie?

Selig, wer nichts zu sagen hat und trotzdem schweigt!

Haben Sie sich eigentlich gut in der Hand? Ich meine das im übertragenen Sinne: Können Sie sich beherrschen, auch dann, wenn Ihnen fast der Kragen platzt oder das Temperament mit Ihnen durchgeht? Man kann das natürlich nicht so allgemein sagen. Das Leben ist differenzierter!

Natürlich weiß ich, was sich gehört. Ich weiß, wo man sich «auf die Zunge beißen» und gute Miene zum bösen Spiel machen muß. Ich weiß, wo Reden Silber und Schweigen Gold ist. Ich weiß, wo man die Fäuste nur in der Hosentasche ballen darf. Ich weiß, wo ich taktvoll lächeln muß, obwohl ich am liebsten meiner Wut freien Lauf ließe.

Aber was nützt mir all dieses edle Wissen, wenn dann wieder mal eine dieser «speziellen Situationen» eintritt! Dabei ist es letztlich ganz egal, bei welcher Gelegenheit und in welchem Umfeld wir es erleben: Es ist in jedem Fall peinlich. Das kann in der Teambesprechung am Arbeitsplatz sein oder in einer politischen Diskussionsrunde oder in der Mitgliederversammlung der christlichen Gemeinde.

Von was ich eigentlich spreche? Auf was für eine «spezielle Situation» ich anspiele? Haben Sie es denn noch nicht erraten? Ich spreche von den Gelegenheiten, bei denen liebe Kollegen, Mitbürger, Brüder und Schwestern (es scheinen immer dieselben zu sein) einen inneren Drang oder Zwang verspüren, etwas sagen zu müssen, obwohl sie nichts zu sagen haben.

Ich erinnere mich, wie wir als junge Prediger auf der Jahreskonferenz auf St. Chrischona nach jedem Vortrag schmunzelnd und zugleich ungehalten-ärgerlich darauf warteten, daß jener ältere Prediger als erster aufstand, zum Mikrofon eilte und seine unmaßgebliche Meinung zum besten gab. Dann ging ein Raunen durch die anwesende Zuhörerschaft: Man kannte ihn ja schon und wäre fast enttäuscht gewesen, wenn er sich diesmal nicht zu Wort gemeldet hätte.

Aber man soll ja nicht über Abwesende sprechen. Man sollte auch zuerst «in sich gehen» und sich prüfen, ob man nicht im gleichen Spital krank ist. Auch sollte man etwas großzügiger sein. – Ja, man sollte …

Zum Glück gehören Sie nicht zu dieser Sorte

Menschen, die zu allem ihren «Senf» geben müssen und unter dem starken Eindruck leben, ihr Wortbeitrag sei für alle Anwesenden von höchster Bedeutung. Aber vielleicht gehören Sie in jenes andere Lager von Leuten, die sich konsequent und beharrlich in Schweigen hüllen, obwohl sie etwas zu sagen hätten. Sie tun dies aus falscher Bescheidenheit oder aus Angst, man könnte sie falsch verstehen. Hinter dem Rückzug ins Schweigen könnte sich also auch Stolz verbergen.

Die beiden folgenden «Seligpreisungen» stehen zwar nicht in der Bergpredigt, sind aber trotzdem bedenkenswert:

Erstens: «Selig, wer nichts zu sagen hat und trotzdem schweigt!»

Und zweitens:

«Selig, wer nichts zu verschweigen hat und doch nicht alles sagt!»

Sie müssen mit diesen beiden Sätzen nicht gerade Ihre «Stille Zeit» verbringen. Aber im Hinterkopf behalten könnten Sie sie allemal!

Metzgerpalmen und Schwiegermutterzungen

Darf ich Ihnen ein Geheimnis verraten? Ich fröne einer heimlichen Leidenschaft. Manche behaupten, es sei bereits eine Sucht, und haben mir eine Entziehungskur empfohlen. Aber ganz so schlimm stufe ich meine Situation nun doch nicht ein.

Ich sag's Ihnen frank und frei: Ich streife leidenschaftlich gern durch Supermärkte. All die Büchsen und Gläser und Schachteln und Tuben und Beutel üben eine geradezu hypnotische Faszination auf mich aus! Und dann erst die farbigen und bebilderten Aufdrucke!

Ein aufmerksamer Gang durch einen Supermarkt ist für mich so etwas wie ein Semester Werbegrafik am Institut für angewandte Verkaufspsychologie. Was ich da schon alles gelernt habe (ich meine neben den Nachhilfestunden in Chemie und Toxikologie, die mir die Angaben über die Inhaltsstoffe unserer Lebensmittel kostenlos erteilen)!

Noch etwas überwältigt mich immer wieder: Auf jeder Verpackung sind das Gewicht und die Preisangabe haargenau, mit drei Stellen nach dem Komma, angegeben.

Das muß man erst einmal nachmachen!

Weil fast überall auch noch der Kilopreis aufgedruckt ist, kann man exakt nachkontrollieren, ob der Endpreis stimmt. Ich habe mir einmal die Zeit genommen und etwa 194 Produkte mit dem Taschenrechner nachkalkuliert. Ich sage Ihnen: kein einziger Fehler! Auf diese Angaben ist Verlaß! Da geht man nicht aus dem Laden mit dem unguten Gefühl im Bauch, man habe sich mehr eingehandelt, als man bestellt hätte.

Das war früher ganz anders. Ich weiß nicht, ob Sie sich noch zurückerinnern können. Ich jedenfalls spüre es noch emotional in der Magengegend.

Ich will ja nicht die Gepflogenheiten vergangener Zeiten kritisieren. Aber erinnern Sie sich?

Denken Sie an die Metzgerei. – In den Schaufenstern neben Speckseiten, Würsten und Kalbshaxen erblickte man einen großblättrigen Philodendron, 5 bis 6 Sansevierien (im Volksmund: Schwiegermutterzungen) und dahinter im Laden einen raumhohen Gummibaum (im Volksmund: Metzgerpalme).

Beim Eintritt in den Laden die überaus freundliche Stimme der Metzgersfrau: «Guten Tag, Frau Doktor! – Guten Tag, Frau Professor!»

Dann: «Darf's sonst noch etwas sein?»

Und vor allem immer wieder: «Darf's etwas mehr sein?»

Kaum einmal: «Es ist leider etwas weniger.»

Böse Zungen behaupteten, bei der Frage: «Darf's etwas mehr sein?» habe es sich bei dem «etwas mehr» meistens um den Daumen der Metzgersfrau gehandelt. Ich kann diese bösartige Unterstellung nicht aus eigener Erfahrung bestätigen. Jedenfalls kann ich mich nicht erinnern, daß beim Auspacken zu Hause je einmal ein Metzgersfrauendaumen zum Vorschein gekommen wäre.

Nun, das mit dem «etwas mehr» oder «etwas weniger» auf der Waage ist keine Erfindung der Metzger in meiner Jugendzeit. Das gab es bereits in biblischen Zeiten. Schon Salomo sagte: «Gott haßt eine falsch eingestellte Waage, aber er freut sich, wenn die Gewichte stimmen» (Sprüche 11,1). Und er dürfte kaum je eine Metzgerei betreten haben. Wahrscheinlich haben ja auch die wenigsten von uns im Alltag oder im Beruf mit einer Waage zu tun. Also, was soll's?

Nun, das Leben ist vielschichtiger, als es auf Anhieb aussieht.

Das «etwas mehr» oder «etwas weniger» könnte wohl auch seine Bedeutung haben im Blick auf unsere Worte, unsere Aussagen. Sind wir da im «Gewicht» immer korrekt? Wägen wir sorgfältig ab, was wir sagen (das hat doch auch etwas zu tun mit «wiegen» und «Waage», oder nicht)? Gibt es da eine Art «Eichung unserer inneren Waage»? Oder nehmen wir es in dieser Hinsicht nicht so genau?

Liegt bei unserem Reden über den Nächsten vielleicht auch manchmal der Daumen mit auf der Waage?

«Darf's etwas mehr sein? – Oder vielleicht lieber etwas weniger?»

Stellen Sie sich vor, der Heilige Geist würde reden!

Ich sitze im Gottesdienst einer freikirchlichen Gemeinde. Es handelt sich um einen ganz gewöhnlichen Gottesdienst, allerdings mit einem Unterschied: Eine junge Frau der Gemeinde wird verabschiedet und ausgesandt. Sie will als Missionarin in Übersee arbeiten. Der Gemeindeleiter zeigt unverhohlen seine Freude, daß nun «endlich» auch aus *seiner* Gemeinde jemand dem «Ruf in die Mission» Folge leistet. Es folgen versteckte

Appelle und dann der Hinweis, daß so ein Aussendungs-Gottesdienst «gefährlich» sein kann, weil auch andere junge Leute gepackt werden könnten.

Eine Schriftlesung schlägt den Bogen vom aktuellen Anlaß zur «ersten Aussendungsfeier in einer christlichen Gemeinde»: «Als sie aber dem Herrn dienten und fasteten, sprach der heilige Geist: Sondert mir aus Barnabas und Saulus zu dem Werk, zu dem ich sie berufen habe» (Apostelgeschichte 13,2; Luther).

Der Brückenschlag zu jener Begebenheit war naheliegend, denn Aussendung ist Aussendung! Trotzdem schien es dem Gemeindeleiter nicht ganz geheuer, die Berufung dieser jungen Frau mit der Berufung eines Barnabas und Saulus auf die gleiche Stufe zu stellen. Er betonte deshalb, daß die junge Missionarin den Ruf Gottes klar «gespürt» habe, auch wenn der Heilige Geist «natürlich» nicht so zu ihr geredet habe wie damals in Antiochien. Offenbar verfügte er über Informationskanäle, die unsereinem nicht ohne weiteres zugänglich sind: Jedenfalls schien er zu wissen, *wie* der Heilige Geist damals geredet hat. Aber vielleicht unterstelle ich das diesem Bruder nur.

Nun muß ich Ihnen ein Geständnis machen: Ich bin während des Gottesdienstes mit meinen Gedanken abgeschweift. Das sollte man ja eigentlich nicht. Aber ich schlich in Gedanken in den Gemeindesaal der Christen in Antiochien und versuchte mir vorzustellen, wie der Heilige Geist gesprochen hat. Und wie die Leute aufgeschaut

und hingehört haben. Und was das ausgelöst hat. Und als ich in Antiochien so in der Runde herumschaute, hatte ich den Eindruck, daß dieses Reden des Heiligen Geistes für die Jesusleute wohl nicht etwas Fremdes, noch nie Dagewesenes war. Das hatten sie offenbar schon öfter erlebt. Sie rechneten damit und handelten dementsprechend.

Nach diesem Ausflug kehrte ich wieder in die Realität unseres Gottesdienstes zurück und überlegte: Wie wäre es wohl, wenn der Heilige Geist hier und jetzt reden würde? Wäre das anders als damals in Antiochien?

Darf ich *Sie* ganz unverblümt fragen: Haben Sie schon einmal den Heiligen Geist reden hören? Stellen Sie sich vor, der Heilige Geist würde am nächsten Sonntag in Ihrer Gemeinde sprechen. Klar und unmißverständlich. Wäre Ihnen das peinlich? Gäbe es einen Aufruhr? Oder gäbe es zumindest eine heftige Diskussion, wie «so etwas» zu geschehen hat, damit es auch «wirklich biblisch» ist?

Oder würde man dem Heiligen Geist gar das Wort verbieten? Würde man ihn auffordern, er solle sich gefälligst in eine *charismatische* Gemeinde begeben, wo dieses «laute Reden» Sitte ist?

O ja, das mit dem «Reden des Heiligen Geistes» könnte noch heikel werden, denn Erfahrungen zeigen, daß er sich nicht so leicht das Reden verbieten läßt. Und daß er sich einfach nicht an die Redeformen hält, die wir ihm zubilligen.

Also seien Sie nur vorsichtig, wenn der Heilige Geist am nächsten Sonntag zu reden beginnt. Dann könnte es wirklich «gefährlich» werden!

«... und kein bißchen weise»?

Jetzt gehöre ich also auch dazu. Letzten Monat ist es passiert. Nicht gerade sang- und klanglos, aber auch nicht unbedingt mit erhebenden Gefühlen: Ich bin in die Zielgerade des Jahrzehnts eingebogen, in dessen Mitte ich mit dem schönen Geschenk der «Pensionierung» geehrt werde.

Nun dürfen Sie nicht meinen, daß ich seither mit melancholisch-depressivem Blick auf diesen Fixpunkt starre und in Torschlußpanik verfalle. Weit davon entfernt! Was mich allerdings anläßlich meines Schwellenerlebnisses ins Nachdenken brachte, war ein Lied, das mir jemand zum Sechzigsten vortrug. Es handelte sich um einen Schlager von Curd Jürgens: «Sechzig Jahre und kein bißchen weise».

Der Liedvortrag war als humorvolle Einlage gedacht, und so habe ich ihn auch verstanden. Aber er hat mir doch zu denken gegeben. «...kein bißchen weise»? Also dumm bin ich ja nun nicht gerade. Ich habe die Schule bis zum Schluß durchlaufen. Sogar das Seminar auf der Bibelschule St. Chrischona habe ich geschafft. Dazugekommen sind noch all die kürzeren oder längeren Weiterbildungsveranstaltungen, ganz zu schweigen von all den Büchern, die ich gelesen habe.

Allerdings bin ich dann beim Grübeln darauf gekommen, daß «weise sein», also Lebensweisheit, nicht unbedingt an den IQ gekoppelt ist oder an die Diplome und Zeugnisse, die irgendwo in der Dokumentenmappe deponiert sind.

Mein Nachsinnen hat mich zu dem Ergebnis gebracht, daß ich diesen Schlager getrost Revue passieren lassen und dann vergessen kann. Er trifft mich nur sehr begrenzt.

Gleichzeitig habe ich aber eine Neuentdeckung gemacht. Beim Bibellesen bin ich in Hiob 4,21 (Hoffnung für alle) auf haargenau die gleichen Worte gestoßen. (Sollten am Ende auch Schlagertexter in der Bibel forschen?) Dort sagt Elifas aus Teman zu seinem leidgeprüften Freund Hiob: «Gott bricht ihre Zelte ab; sie sterben plötzlich und sind kein bißchen weise geworden!»

Da hab' ich mir halt noch einmal die Frage gestellt, was denn «weise sein» bedeutet im Blick auf uns «Grufties».

Möchten Sie wissen, was mir so für Gedanken gekommen sind? Ich sag's Ihnen sehr gerne:

Lebensweisheit wäre, so habe ich mir überlegt,

- relativieren können,
- nicht nur schwarzweißmalen,
- andere Meinungen stehen lassen können,
- weitherzig und großzügig sein,
- der jungen Generation Chancen einräumen …

Und dann wurde ich «im Geist entrückt» und sah hinein in unsere Gemeinden: Da wird gestritten um Gebetshaltungen, da wird gekämpft gegen «Folienlieder», da wird über «die Frau in der

FRAUEN SIND NICHT BEGABT FÜR DEN DIENST AM WORT!

Gemeinde» polemisiert, da wird die Frisur und Bekleidung der jungen Leute kritisiert, da wird an Pöstchen und Positionen festgehalten, denn «auf die Jungen ist sowieso kein Verlaß», da wird die Zukunft geplant unter dem Motto: «Nume nüt Neus» (für diejenigen, die der Schweizer Zunge nicht mächtig sind: «Nur ja nichts Neues»).

Das Ergebnis sind: Spannungen, Streit und Spaltungen!

Elifas von Teman und Curd Jürgens lassen herzlich grüßen!

Aber das paßt mir nun wirklich nicht als Schlußsatz. Das wäre auch zu negativ. Und genau das möchte ich ja nicht sein. Da lasse ich lieber Salomo zu Wort kommen mit einem Satz aus Sprüche 11,30: «Ein weiser Mensch gewinnt die Herzen.»

Vegetarier leben nicht länger – sie sehen nur älter aus!

Ich habe das dringende Bedürfnis, sofort ein Geständnis ablegen zu dürfen: Ich habe mich mit fremden Federn geschmückt! Das Titelzitat stammt nicht von mir (ist aber trotzdem ganz gut). Falls Sie jetzt mein sensibles Gewissen und meine Ehrlichkeit rühmen wollen, sparen Sie sich die Worte! Meine Beichte ist nur eine vorbeugende Maßnahme: Ich will damit die Gefahr abwenden, daß eingefleischte (Pardon: eingepflanzte) Vegetarier mir einen Prozeß wegen Beleidigung oder Diffamierung anhängen.

Dabei liegt mir das total fern. Ich habe wirklich nichts gegen Vegetarier. Das sind doch schließlich auch Menschen, Geschöpfe Gottes.

Im übrigen sind die Vegetarier inzwischen alles andere als eine diskriminierte Minderheit. Sind Sie nicht auch überrascht über den Image-Gewinn, den die Vegis in letzter Zeit verbuchen konnten? Das haben sie zu einem großen Teil den Briten zu verdanken. Die haben nämlich das Sponsoring für die Image-Werbung der Vegetarier übernommen. Mit ihrem Rinderwahnsinn haben sie den Gemüsekonsum sprunghaft ansteigen lassen. Trotzdem tun mir die Briten leid. Jetzt will man alles ihren Rindern in die Hufe schieben und boykottiert ihre Steaks und Schnitzel.

Du liebe Zeit, wenn man überall den Wahnsinn boykottieren würde – das hätte globale Auswirkungen. Nicht nur auf die Speisezettel der Hausfrauen. Es würde sich auch auswirken auf die Gesetzesentwürfe der Politiker und die Machenschaften in der Wirtschaft, auf die Zinssätze der Banken und die Produktion in den Rüstungsbetrieben. Es würde hohe Wellen schlagen, die auch ans Ufer der christlichen Gemeinden schwappen!

Ich muß aufhören, meiner Phantasie freien Lauf zu lassen. Aber glauben Sie mir: Das hätte Auswirkungen! Sogar – um noch eine zu erwähnen – auf das zwischenmenschliche Miteinander in Familien und Ehen, von Nachbarn und Arbeitskollegen. Wenn plötzlich der Wahnsinn von Haß und Neid und Eifersucht boykottiert würde ... Können Sie sich das vorstellen? Wenn alle nur noch «Kraut und Rüben» essen würden!

Was ich damit meine? Und was das eigentlich mit den Vegetariern zu tun hat?

Denken Sie doch mal über das nach, was Salomo in den Sprüchen gesagt hat: «Besser ein Gericht Kraut mit Liebe als ein gemästeter Ochse mit Haß» (Sprüche 15,17; Luther).

Das wäre eine Revolution unseres Speisezettels!

Kleinstwohnung zu vermieten!

Lesen Sie auch die Tageszeitung? Ich meine nicht die Meldungen über Tagesaktualitäten aus aller Welt. Die liest man ja nicht, die tevaut* man. In der Tageszeitung liest man höchstens die Todesanzeigen oder «Zu vermieten» oder «Unglücksfälle und Verbrechen» aus der Region.

Also: Lesen Sie oder lesen Sie nicht?

Ich? Ja, ich lese sie. Praktisch jeden Tag. Und wissen Sie, was mir da aufgefallen ist? Unter «Zu vermieten» sind da eine Menge Angebote an Einzimmer-, Zweizimmer- und Zweieinhalbzimmerwohnungen aufgeführt. Entschuldigen Sie das

* «tevauen»: neudeutsches Verb, abgeleitet vom neudeutschen Substantiv «Tevau» (Abkürzung: TV), in grauer Vorzeit «Fernseher» genannt.

lange Wort. In «meiner» Zeitung schreiben sie statt dessen einfach 2 1/2-Z-Whg.

Ich suche zwar keine Wohnung. Aber man macht sich ja so seine Gedanken; und man sollte auch etwas tun für die Allgemeinbildung.

Blitzartig fährt es mir durch den Sinn: Ein klarer Beweis für den Trend zur Kleinfamilie. Kinderfeindlichkeit! Aber dann kommen mir die vielen Kinder auf dem Schulhausplatz und der Kindergartenwiese in den Sinn. Und der letzte Familiengottesdienst. War das ein Gewimmel!

Nein, es muß einen andern Grund geben. Und da macht es nochmals «klick», und alles ist klar: Die Jugend von heute wohnt nicht mehr im Elternhaus, sondern hat ihr eigenes Appartement. Assoziation: Konkubinat!

Wo sind wir hingekommen!

Aber auch mit dieser Annahme liege ich falsch. Wie ich darauf komme? Durchs Bibellesen! – Reiben Sie sich nur die Augen! Sie haben richtig hingeschaut. Durchs Bibellesen!

Ich lese also in der Bibel und finde da in den Sprüchen Salomos ein Wort, das mir darüber Aufschluß gibt, warum so viele Kleinstwohnungen gebraucht werden.

«Besser im Winkel auf dem Dach wohnen als mit einem zänkischen Weibe zusammen in einem Hause» (Sprüche 21,9; Luther).

Also nicht Kleinfamilien, nicht sittenlose Jugendliche benötigen die vielen Kleinstwohnungen. Es sind die Männer! Genauer: Männer von zänkischen Frauen.

Mir stockt der Atem bei dieser umwerfenden

Erkenntnis. Salomo muß es doch wissen – er war schließlich ein sehr weiser Mann.

Aber irgendwie ist es mir nun nicht mehr wohl in meiner Männerhaut. Sollte es wirklich so viele männliche Leidensgenossen geben? Und sie alle, die sich da in ihre Dachkammern und ihre Miniappartements verkriechen, haben folglich dasselbe Leiden – zänkische Frauen? Dann müßten sie eigentlich die Miete ihrer Kleinstwohnung über die Krankenkasse abrechnen können! Irgendwie kann da doch etwas nicht stimmen!

Ich habe Nachforschungen angestellt und bin zu einem verblüffenden Ergebnis gelangt. (Und ich habe richtig aufgeatmet, als ich das Resultat vor Augen hatte. Nicht wegen der Männer – nein, wegen der Frauen!) Hier also das Resultat meiner Recherche: Die meisten Mieter von Kleinstwohnungen sind Mieterinnen!

Können Sie, liebe Leserin, lieber Leser, den logischen Schluß dieser Erkenntnis nachvollziehen?

Es muß so etwas wie ein männliches Pendant zu Salomos «zänkischem Weib» geben. Vielleicht heißt das: unausstehlicher Mann, sturer Kerl, herrschsüchtiges Ekel, selbstzufriedener Pascha.

Lassen wir das! Einer hat mir sowieso schon zugeraunt: «Nestbeschmutzer!»

Wenn sich Männer und Frauen gegenseitig solche «Nettigkeiten» an den Kopf werfen, müssen nur noch viel mehr Kleinstwohnungen gebaut werden.

Ich schlage vor, daß wir uns alle selbst im Spiegel anschauen und die Flecken auf unserer eigenen Weste entdecken. Dann könnten wir auch wieder eher aufeinander zugehen und sagen: «Es tut mir leid. Ich war unmöglich zu dir! Wollen wir nicht unsere Kleinstwohnung(en) kündigen und wieder zusammenziehen?»

Das gäbe Hochkonjunktur bei den Möbeltransportfirmen!

Wer sich mit dem Zeitgeist verheiratet, ist rasch verwitwet

Sind Sie schon einmal überschwemmt worden? Nein? Ich schon! Also nicht so, wie Sie sich das wahrscheinlich spontan vorstellen: Hochwasser, Dammbruch, Sturzflut usw. So etwas gibt es in unserer Gegend eher selten. Außerdem bin ich keine Wasserratte und meide tunlichst die Gefilde, wo das Wasser stürzt und strömt und schwemmt.

Meine Erfahrungen mit Überschwemmungen habe ich anderswo gemacht. Ich könnte Ihnen da einige Beispiele liefern. So werde ich überschwemmt von Prospekten und Werbung. Zum Glück gibt es den Aufkleber für den Briefkasten, sonst wäre ich längst untergegangen in dieser Sturzflut.

Oder wenn ich an die Modewellen denke, die im Laufe meines Lebens an die Ufer meiner Existenz gespült worden sind und die mein Portemonnaie in den Fluten mitreißen wollten. Es ist geradezu beängstigend!

Damit Sie nun kein falsches Bild von mir erhalten: Ich blättere gerne in einem Katalog oder Werbeprospekt. Ich trage auch sehr gerne modische Kleidung. Es geht mir nicht wie jener alten Frau, die ihre Enkelin vor der «sündigen Gefahr der Mode» warnte. «Aber Oma, du trägst doch auch Mode!» erwiderte das Mädchen. – Entrüstet wehrte die Großmutter diese Unterstellung ab. Doch das Mädchen sagte nur: «Natürlich trägst du auch Mode – nur die von vor 50 Jahren!»

Nun dürfen wir Mode und Zeitgeist nicht in einen Topf werfen, auch wenn in der Mode der jeweilige Zeitgeist zu spüren und der Zeitgeist immer sehr gerne in Mode ist.

Manchmal habe ich gewisse Christen im Verdacht, daß ihr Kampf gegen den Zeitgeist nur darin besteht, daß sie «die Mode von vor 50 Jahren tragen». Wenn Paulus die Forderung an uns richtet: «Stellt euch nicht dieser Welt gleich» (Römer 12,2; Luther), denkt er nicht an Röcke, Frisuren und Biedermeier-Allüren. Man kann völlig altmodisch gekleidet und mit verstaubten Ansichten im Strom des Zeitgeistes schwimmen. Und nicht alle, die up to date sind und den neuesten Modetrend auf der Haut spazieren tragen, haben sich deshalb «der Welt gleichgestellt».

Nicht mit dem Zeitgeist verheiratet zu sein, könnte heißen:

- Ich schwimme nicht mit dem Strom.

- Ich mute andern meine Überzeugung zu.

- Ich wage, «nein» zu sagen, wenn andere «ja» brüllen.
- Ich richte mich in meinen Entscheidungen nach den Direktiven Gottes.

Es mag Sie vielleicht merkwürdig berühren, wenn ich als Eheberater Sie einlade und auffordere: Reichen Sie so bald wie möglich die Scheidung ein! Trennen Sie sich getrost vom Zeitgeist, und verweigern Sie konsequent die Zahlung von Alimenten! Treten Sie dann so rasch wie möglich in eine neue Beziehung zum «Ewigkeitsgeist», dem Heiligen Geist! Zu dieser Vermählung kann ich Ihnen nur gratulieren. Er liebt Sie, auch wenn Sie in der neuesten Mode daherkommen!

«Freue dich des Weibes deiner Jugend!»

Gehören Sie etwa auch zu jenen Hinterwäldlern, den Stehengebliebenen, den Dinosauriern, die schon seit Jahren – oder gar Jahrzehnten? – mit derselben Frau, demselben Mann verheiratet sind? Und womöglich noch in erster Ehe? Sprechen Sie vorsichtshalber etwas gedämpfter, damit nicht alle Nachbarn mitkriegen, wie hoffnungslos rückständig Sie sind!

Partner auf Lebenszeit? Das war einmal! Vielleicht in der Antike. Und schon damals nicht mehr durchgängig.

Kürzlich hörte ich jemanden von seinem «Lebensabschnittspartner» sprechen. Klar, das Leben hat ja manche Abschnitte. Andere Zeiten, andere Partner. Man muß schließlich flexibel und anpassungsfähig sein.

Ein Leben ist heutzutage viel zu lang für einen einzigen Partner. Wir Westeuropäer haben inzwischen eine beachtliche Lebenserwartung; da muß es ja in der Partnerbeziehung Abnützungserscheinungen geben. Warum sich mühsam durch eine Beziehung quälen, wenn mit einer neuen Partnerschaft wieder alles so neu und taufrisch erlebt werden kann? Wer da Bedenken hat, ist selber schuld, wenn seine Ehe zur sexuellen Routineveranstaltung verkommt – vorausgesetzt, daß da überhaupt noch etwas läuft.

Lebensabschnittspartner – das wäre demnach die Lösung der Probleme! Wie sagte kürzlich mein Freund von der Bank: «Nur der Wechsel ist beständig!»

Daß manche auch damit ihren beziehungsmäßigen Grundbedarf noch nicht abdecken können und mehrgleisig fahren müssen, ist eher ein peinliches Kapitel. Sie wissen, was ich meine? Parallelbeziehungen! Sporadische oder fahrplanmäßige Seitensprünge. Wer hat denn schon gerne jeden Tag Eintopf?

Aber ich will mir nicht die Richterrobe überziehen und Schuldsprüche fällen, zumal ich in dieser Beziehung keinerlei einschlägige Erfahrungen vorzuweisen habe. Wirklich – ich bin da völlig von der altmodischen Sorte. Ich wage es kaum zu sagen: Seit über dreißig Jahren bin ich mit derselben Frau verheiratet (standesamtlich und kirchlich!), und das in erster Ehe! Und ob Sie es glauben oder nicht: Ich bin glücklich. Mit steigender Tendenz!

Doch halt! Darf ich überhaupt so salopp mit einem Thema umgehen, bei dem es um eine tiefe Not in unserer Gesellschaft geht? Fast habe ich ein schlechtes Gewissen.

Eines ist klar: Gott hat das mit der Ehe nicht so gemeint, wie ich es oben geschildert habe. Er ruft Eheleute in eine lebenslange Beziehung und will ihnen darin die Möglichkeit schenken, einander in Treue und Glück zu begegnen. Natürlich ist so eine Ehebeziehung keine Konstruktion à la VW: «Es läuft und läuft und läuft» (kennen Sie den Werbespot noch?). Eine Ehe braucht Pflege, Sorgfalt, das Öl der Liebe und den Sprit der Hingabe.

Wer bereit ist, dies zu investieren, wird die bildhaften Worte Salomos verstehen, die dieser einem Ehemann mit auf den Eheweg gab:

«Trinke Wasser aus ***deiner*** Zisterne und was quillt aus ***deinem*** Brunnen. Sollen deine Quellen herausfließen auf die Straße und deine Wasserbäche auf die Gassen? Habe du sie [deine Frau] allein, und kein Fremder mit dir. Dein Born sei gesegnet, und freue dich des Weibes deiner Jugend. Sie ist lieblich wie eine Gazelle und holdselig wie ein Reh. Laß dich von ihrer Anmut allezeit sättigen und ergötze dich allewege an ihrer Liebe» (Sprüche 5,15-19; Luther).

Haben Sie geschnallt, was Salomo hier sagt? Entschuldigung, daß ich Sie so direkt frage. *Ich* habe das auch nicht auf Anhieb kapiert. Aber heute weiß ich, daß ich genau das will. Das und nichts anderes (und keine andere)!

«Das werde ich schon wieder hinkriegen!»

«Wenn der liebe Gott uns nicht hätte, wäre er arm dran!» Sie nehmen es mir hoffentlich nicht übel, daß ich diese Aussage zitiere. Sie steht freilich nicht in der Bibel. Das könnte auch ein Prediger im Gottesdienst nicht einfach so sagen. Sonst würden Sie mit Recht Sturm laufen und um seine Versetzung bemüht sein.

Aber ich nehme mir die Freiheit zu solch einer Behauptung, weil es nämlich eine Menge Leute gibt, die genau so denken. Sie etwa nicht?

Überlegen Sie mal: Wie viele Predigten müßte der liebe Gott allein an einem Sonntag halten? Und wie viele Sonntagsschulstunden gestalten? Und an wie vielen Orgeln und Klavieren sitzen? Und wie viele *Chrischona-Magazine* und *Impulse* und *Kirchenboten* und *family*-Zeitschriften und *idea magazine* und Traktate verteilen? Ganz zu schweigen von den Hausbesuchen!

Ob Gott, als er uns zu seinen Kindern und Mitarbeitern machte, damit gerechnet hat, wie sehr er dadurch entlastet wird? Sollte er das tatsächlich von Anfang an einkalkuliert haben? … Manche von uns hätte er dann sicherlich sogar noch unterschätzt!

Wenn er uns nicht hätte, sähe es in vielen Gemeinden anders aus! Nein, nicht so, wie Sie jetzt meinen. Es gäbe keine so guten Programme, das Singen der Chöre wäre wohl eine erbärmliche Angelegenheit, und manche Kapelle wäre am Sonntagmorgen nicht so blank geputzt.

Manche Christen erinnern mich an jenen jungen Spengler oder Klempner, der gerade die Meisterprüfung bestanden hatte. Auf einer Reise kam er auch an die Niagarafälle. Er blieb eine Weile stehen, sah sich alles an und sagte dann zu seinem Begleiter: «Ich denke, das werde ich schon wieder hinkriegen!»

Vielleicht denken Sie jetzt: Muß dieser Mensch uns jetzt unbedingt in unserem christlichen Engagement lächerlich machen? – Nein, das tue ich überhaupt nicht. Ich meine es wirklich ernst: Der liebe Gott ist echt froh, daß er uns hat. Und er wäre wirklich arm dran ohne uns, *weil er nicht ohne uns sein will!* Das ist seine tiefste Überzeugung, sein Programm!

Aber wahrscheinlich schmunzelt er manchmal über unseren Übereifer. Und bestimmt ist er nicht selten zutiefst traurig, daß wir uns mit einer solchen Verbissenheit in die Aktivitäten stürzen und so vieles «hinkriegen» wollen bzw. meinen, wir müßten es «hinkriegen». Doch das, was er sich wirklich von uns wünscht, das, was wir tatsächlich unbedingt «hinkriegen» sollen – gerade das fällt uns oftmals unheimlich schwer: daß wir uns untereinander *lieben*. Wie wäre denn das, wenn

Sie bei Ihrem nächsten Gebet dem lieben Gott sagen würden: «Ich denke, daß ich *das* schon wieder hinkriege! Du mußt mir allerdings dabei helfen!»?

Eines ist da freilich klar: Wenn wir nicht den lieben Gott hätten, den Gott der Liebe – dann wären wir arm dran!

«Tag und Nacht gebücket dienen ...»

Wir leiteten ein Eheseminar. Am Vormittag hielten wir eine Zeit der Stille vor Gott mit Lobpreis und Anbetung. Neben den heute gängigen Anbetungsliedern sangen wir auch Lobchoräle der «alten» Kirche. Dabei kam unter anderem Tersteegens «Gott ist gegenwärtig» an die Reihe. Auf der Folie hatten wir eine Einteilung vorgenommen: 1. Strophe die Männer, «Gott ist gegenwärtig, lasset uns anbeten ...»; 2. Strophe die Frauen, «Gott ist gegenwärtig, dem die Cherubinen ...», dann lasen wir miteinander eine Strophe und sangen eine gemeinsam.

In der Pause kam eine Frau auf mich zu. Sie war mir aufgefallen als eine Frau, die aktiv mitging, viele Fragen und Beiträge einbrachte. Sie wirkte selbstbewußt und eher etwas dominant. Ihr Mann war still und zurückhaltend, gutmütig und eher unterwürfig.

ki
MÄNNER! BRAUCHT DAS LAND

«Habt ihr die Strophen bewußt so ausgewählt und den Männern und Frauen zugeordnet?» fragte sie mich.

Ich wußte nicht recht, was die Frage sollte. Aber sie klärte mich rasch auf.

«Die Männer dürfen ‹*…anbeten und in Ehrfurcht vor ihn treten*›, die Frauen dagegen ‹*…Tag und Nacht gebücket dienen*› und dazu singen: ‹*… wenn auch wir Geringen unsre Opfer bringen*›. Ein typisch patriarchalisches Frauenbild!»

Schon wollte ich schallend über diese Feststellung lachen. Nicht im Traum wäre ich auf solch eine Überlegung gekommen. Doch blitzschnell begriff ich ihr Problem: Eine Lebenswunde war bei ihr aufgebrochen. Ich konnte ihre Befürchtungen zerstreuen, mit unserer Zuteilung der Tersteegen-Strophen hätten wir durch die berüchtigte Blume etwas über eine «männer- und frauengemäße Stellung vor Gott» sagen wollen.

Eigentlich hätte ich diese kurze Episode rasch vergessen können. Doch immer wieder kam mir die Aussage dieser Frau in den Sinn. Mir wurde bewußt, wie stark Lebenswunden unser Denken und Verhalten prägen.

Lebenswunden gibt es nicht nur bei Einzelschicksalen. Es gibt auch so etwas wie eine «Kollektivwunde am Leib Christi», der christlichen Gemeinde, bei Männern und Frauen.

Da *stehen* die Männer *in Ehrfurcht* – oder ist es nur Ehrfurcht gebietend? – vorne im Gottesdienst der Gemeinde und teilen das Abendmahl aus, lesen die Bekanntmachungen oder halten die Predigt. Männer bilden das Gremium der Ältesten. Wenn sie *dienen*, dann «dienen sie am Wort», und zwar nicht *gebücket*. Sie nehmen voll die Stellung ein, die die Bibel ihnen angeblich zugedacht hat. Und sie sind stolz darauf, so vor den Herrn *treten* zu dürfen. Das gibt ihnen auch Bestätigung und Ansehen.

Selbstverständlich gibt es auch Frauen in der Gemeinde. Mehr als Männer. Viel mehr! Und sie lassen sich «mit dem Wort dienen» von denen, die *in Ehrfurcht vor ihn treten*! Auch die Frauen dienen. Sie *dienen gebücket* beim Reinigen der Kapelle. Sie *dienen* beim Kuchenbacken für das Gemeindefest. Sie *dienen* in der Sonntagsschule und in der Frühgebetsstunde. *Gebücket*, in der Stille, im Hintergrund, im verborgenen. Und sie *bringen ihre Opfer* an Zeit und Kraft, an Hingabe und Einsatz, und das sind keine *geringen*! Aber sie haben nichts oder nur wenig zu sagen in der Gemeinde.

Das mag nun alles sehr ironisch klingen. Aber es ist nicht so gemeint. Die Geschichte mit dem Tersteegen-Lied hat mir Wunden in der christlichen Gemeinde der verschiedensten Schattierungen sichtbar gemacht, die noch in den Prozeß der Heilung geführt werden müßten. Ich denke, daß wir Männer einen wichtigen Beitrag dazu leisten könnten, indem auch wir *unsere Opfer bringen*. Bei diesen Opfern mag es sich vor allem darum handeln, daß Männer den Frauen den Raum schaffen und freigeben, in dem auch *sie* ihre Gaben und Fähigkeiten einbringen können. Auch und gerade ihre geistlichen Gaben. Denn auch sie können und wollen *in Ehrfurcht vor ihn treten* und nicht nur *gebücket dienen*.

«Ich werde hinfort nicht mehr trinken ...»

Ich sitze im Aufenthaltsraum eines christlichen Ferienzentrums. Rings um mich herum sind Männer und Frauen eifrig ins Gespräch vertieft – die einen mit gedämpfter Stimme, die andern im bekannten Brustton der Überzeugung kräftig argumentierend. Es wird Tiefgründiges und Banales ausgetauscht, Unterhaltend-Leichtes und Sorgenschweres. Der allgemeine Geräuschpegel läßt allerdings kaum zu, daß man Zusammenhängendes erfahren könnte. Es sind Wortfetzen und Satzfragmente, die an mein Ohr dringen.

Nur das Gespräch der beiden Männer in unmittelbarer Nähe ist für mich unüberhörbar, obwohl ich eigentlich nicht mithören möchte. Ich kenne die Herren nicht. Doch ihre Äußerungen lassen darauf schließen, daß der eine ein überzeugter Abstinenzler ist, während der andere mehr die genußreiche Seite des Lebens betont und wohl einem Gläschen Roten zum Essen nicht abhold ist.

Beide versuchen sie, ihr Gegenüber zu ihrer Überzeugung zu bekehren. Aber nicht mit Argumenten aus dem Bereich «gesundheitsbewußtes Verhalten und soziale Verantwortung» einerseits und «Lebens- und Genußfreude» andererseits. Das wäre viel zu kurz gegriffen. Das würde sich ja im «Innerweltlichen» erschöpfen. Nein, sie bewegen sich im Raum der theologischen Argumentation und belegen ihre jeweilige Ansicht total biblisch. Alles andere wäre ihnen offenbar einfach zu wenig.

«Ist dir nicht bekannt, was der Prediger Salomo sagt? Iß dein Brot, trink deinen Wein, und sei fröhlich dabei», höre ich den einen seine Meinung untermauern. – «Das ist doch alttestamentlich», kommt es prompt zurück. «Und wenn du dich schon auf das Alte Testament berufst, dann denk daran, daß Noah und Lot durch den Alkohol zur Sünde verführt worden sind.»

Ein Augenblick des Schweigens tritt ein. Das bedeutet aber keineswegs, daß unser Weinfreund sich geschlagen gibt. O nein, er setzt vielmehr zum Sprung ins Neue Testament an.

«Wie erklärst du dir, daß Jesus in Kana Wasser in Wein verwandelt hat?» Ein gewisser Triumph in der Stimme ist nicht zu überhören.

«Die Forschung hat längst nachgewiesen, daß es sich dabei um unvergorenen Traubensaft gehandelt hat», kontert sein Gegenüber.

Dieses zutiefst biblische Argument hatte ich bisher auch noch nicht gehört. Nun ja, man kann nicht alle Forschungsergebnisse kennen.

Jetzt warte ich nur noch auf das Zitat aus dem Timotheusbrief. Und es läßt auch nicht lange auf sich warten.

«Paulus hat doch seinem Mitarbeiter Timotheus empfohlen, etwas Wein zu trinken wegen seines schwachen Magens», höre ich die Männerstimme mit dem untergründigen Triumph sagen.

«Wenn du theologisch etwas mehr gebildet

wärst, wüßtest du, daß im griechischen Urtext da ein ‹nur› dazwischengedacht werden muß», behauptet der Abstinente. «Es heißt nämlich eigentlich: ‹Trinke *nur* ein bißchen Wein ...›, also: Trinke nicht soviel. *Eigentlich* meinte Paulus: Trink keinen Wein, denn er tut dir nicht gut!»

Ich staune nur so. Woher er nur weiß, was im biblischen Urtext «dazwischengedacht» werden muß und was Paulus «eigentlich» meinte?

Noch bevor der Weinverfechter etwas entgegnen kann, fährt sein Gesprächspartner fort: «Jesus wußte sehr wohl um die Gefahren des Alkoholgenusses. Darum hat er seine Jünger zur Abstinenz ermutigt, indem er ihnen mit guten Beispiel voranging. Er setzte das Abendmahl ein und sagte zugleich: *‹Ich werde hinfort nicht mehr vom Gewächs des Weinstocks trinken, bis daß ich es neu trinken werde mit euch in meines Vaters Reich›*. Das zeigt doch klar, daß Jesus von seinen Jüngern möchte, daß sie keinen Wein mehr trinken hier auf Erden.»

Karl Barth oder Adolf Schlatter hätten ihre helle Freude an dieser theologischen Argumentation gehabt – oder wären ihnen vielleicht eher die Haare zu Berge gestanden? Jeder der beiden Männer neben mir hatte so seine eigene Auslegung der Bibel. Oder war es vielleicht doch eher eine «Einlegung»?

Abrupt standen die beiden auf und gingen davon. Das Gespräch war beendet, aber es hatte keinen Schluß. Keinem war es gelungen, den andern zu überzeugen. Keiner wollte von seiner Überzeugung abweichen. Was mochte jetzt in den

Köpfen und den Herzen der Recht-Haber vorgehen? Ich weiß es nicht, aber ich machte mir so meine Gedanken.

Vielleicht sagte der eine im stillen: «Herr, habe ich nicht recht mit meiner Überzeugung? Überzeuge du doch den andern davon!» – Und der andere betete die gleichen Worte.

Und vielleicht antwortete der Herr dem einen: «Ja, du hast recht; aber der andere auch!» – Und zum andern sagte er die gleichen Worte.

Vielleicht widersprachen daraufhin beide in ihren Herzen: «Aber Herr, es kann doch nur einer recht haben bei solch unterschiedlichen Anschauungen!» – Und der Herr antwortete ihnen: «Doch, ihr habt beide recht ... allerdings jeder nur für sich, nicht für den andern!»

Vielleicht sagen *Sie* jetzt: Lieber Dieter Theobald, mit deiner Variante bin ich aber gar nicht einverstanden! – Ich denke, Sie haben auch recht!

Was sucht unser Finanzminister in der Bibel?

Sind Sie schon mal im Fernsehen erschienen? – Nein? Oder in einer Illustrierten abgebildet worden? – Auch nicht? Aber vielleicht ist Ihr Name schon mal in der Tageszeitung erwähnt worden? – Ja nun, es können nicht alle von den Medien berücksichtigt werden. Dafür stand Ihr

Name gewiß schon öfter im Gemeindebrief – und auch im Telefonbuch (sogar mit Adresse!).

Das sind und wären ja auch alles sehr kurzlebige Ehrungen und Auszeichnungen. Davon hat man noch nicht gelebt. Und in einigen Wochen oder Monaten kräht kein Hahn mehr danach. Solcher Medienruhm ist wie eine Seifenblase: Ohne ersichtliche Ursache zerplatzt sie!

Ja, wenn unser Name oder Bild in einem Geschichtsbuch erschiene und die Nachwelt staunend zur Kenntnis nähme: Der oder die haben sich unsterblich gemacht – das wäre dann schon etwas anderes! Oder wenn unser Name gar in der Bibel vorkäme! Ha, das wär's! Einige Leute haben das geschafft, ohne daß sie darauf spekuliert haben. Manche wissen es noch nicht einmal.

Wußten Sie beispielsweise, daß in der Bibel auch etwas von unserem Finanzminister steht? Nicht sein Name. Das wäre zu kurzfristig gedacht. Die Bibel denkt ja in den Kategorien der Ewigkeit. Und dann wäre das ja auch einseitige Stellungnahme zu einer Person und – was noch gravierender wäre – zu einer Partei (ganz gleich, ob sich diese Partei mit dem Etikett «christlich» oder «sozial» oder «frei» oder was auch immer schmückt). Parteiisch ist Gott nicht.

Abgesehen davon ist in der Bibel nicht nur von einem Finanzminister die Rede, sondern von mehreren. Sie werden uns sozusagen gegenübergestellt mit ihrer Politik. Sie können dann für sich beurteilen, auf welcher Seite unser Finanzminister steht.

In den Sprüchen Salomos (Sprüche 11,24; Luther) lesen wir: «Einer teilt reichlich aus und hat immer mehr; ein andrer kargt, wo er nicht soll, und wird doch ärmer.»

Gratulation! Sie sind nicht darauf hereingefallen. Das wäre wirklich zu einfach und zu simpel, wenn man diese Aussage allein den Finanzministern ins Stammbuch schreiben wollte. Das wäre weder «christlich» noch «sozial» noch «frei», allenfalls demokratisch.

Doch wir wollen jetzt nicht politisieren. Oder doch? Dann nur in der Weise, daß Sie frei und unabhängig, ohne Druck von oben oder außen, also ganz und gar demokratisch wählen können, zu welcher Sorte Menschen Sie gehören.

Das geht ohne Stimmzettel und ohne Urne. Das können Sie ganz für sich in der Stille Ihres Herzens machen. Wenn das schwierig für Sie ist, komme ich Ihnen etwas entgegen. Sie können einfach dort Ihr Kreuzchen machen, wo Sie sich einordnen möchten:

❏ reichlich austeilen;

❏ kärglich austeilen.

Sie müssen mir jetzt nicht verraten, was Sie angekreuzt haben. Schließlich ist eine Wahl eine geheime Angelegenheit. Wir leben nicht in einer Diktatur, wo alle machen, was einer sagt, sondern in einer Demokratie, wo alle sagen, was einer machen soll.

Im übrigen dürfen Sie nicht meinen, daß bei «reichlich» und «kärglich» nur ans Geld zu denken ist. Das wäre immerhin auch schon etwas!

Nein, es gilt auch für andere Bereiche. – Welche ich meine?

Ich gebe Ihnen ein paar Stichwörter, sozusagen als Hausaufgabe. Aber ich kontrolliere diese Hausaufgaben nicht. Das machen dann andere!

Meine Stichwörter: Freundlichkeit, Liebe, Geduld, Hilfsbereitschaft.

Es gäbe freilich noch mehr. Aber ich möchte ja auch nicht, daß Sie den ganzen Sonntag nachmittag an Ihren Hausaufgaben sitzen!

Wer nach allen Seiten offen ist, kann nicht ganz dicht sein

Gehören Sie auch einer evangelikalen Freikirche an?

Ist ja schon gut, ich habe gar nicht erwartet, daß Sie lauthals ein freudiges Ja in die Gegend hinausposaunen. Wer kann sich das denn heutzutage noch leisten? Man soll schließlich *«klug sein wie die Schlangen»*, hat Jesus selbst gesagt. Wer nicht wenigstens einer der großen Landeskirchen angehört oder mindestens einer multireligiösen Vereinigung von Zeit zu Zeit einen Betrag überweist, gehört ganz eindeutig ins Lager der «Fundis»! Und Hand aufs Herz: Können Sie sich etwas Schlimmeres vorstellen als die Zugehörigkeit zu den Fundamentalisten? Nun gut, Sie vielleicht schon, falls Sie die Eingangsfrage mit einem

EASY MAN ... IS ECHT COOLE SACHE
ER LIEBT DICH
ICH BETE FÜR SIE!
JC

schüchternen Ja beantflüstert haben. Aber sonst?! Fundamentalisten – oder eben im Umgangsjargon einfach «Fundis» – sind in etwa das Gräßlichste, was das vergangene Jahrhundert hervorgebracht hat. Sie sind Flecken auf dem Gewand einer aufgeklärten, modernen Weltgesellschaft. Dann lieber noch die Skinheads oder die Punks. Sie können der Mafia angehören oder der Pizza-Connection. Für solche Leute bringt man noch Verständnis auf. Aber ein Fundi? Nein danke!

Fundamentalisten sind kleinkariert und engstirnig, borniert und fanatisch. Die sollte man alle sicherheitshalber einsperren. Aber wer möchte die schon bewachen? Die würden noch im Gefängnis ihre Ansichten verbreiten. Die wissen nichts anderes, als immer von Ethik und Moral zu reden. Die zelebrieren die Zehn Gebote und andere Bibelverse, als wären die das Evangelium für die Menschheit. Und das mit einer Penetranz, daß einem die Luft ausgeht.

Die haben einfach den Anschluß an das neue Zeitalter verpaßt. Die haben nicht mitgekriegt, daß wir heute in einer toleranten Gesellschaft leben. Da muß man offen sein, weltoffen! Leben und leben lassen!

Jetzt muß ich aber aufhören; sonst ereifere ich mich noch. Ich gehöre ja schließlich auch zu der Sorte Menschen, die mit diesem Etikett beklebt ist. Leider weiß ich nur zu gut, daß die von der «anderen Seite», die dieses Bild von den «Fundis» zeichnen, in Tat und Wahrheit oft gar nicht so weit daneben liegen. Dafür könnte ich Ihnen jetzt jede Menge Beispiele liefern. Wir haben die Farben geliefert, mit denen man dieses schrille Bild der Fundamentalisten malen konnte. Wir selbst.

Nur: Sooo multikulturell-weltoffen, so tolerant-großherzig sind die «Globalis», die «Antifundis» nun auch wieder nicht ... Sonst könnten sie ja auch die «Fundis» gelten lassen. Auf irgendeiner Seite haben fast alle eine Scheuklappe oder einen Sichtschutz. Und: Wer nach allen Seiten offen ist, kann nicht ganz dicht sein!

Mit diesem Satz habe ich jetzt wohl alle vertrieben, die sich bei den Weltoffenen einreihen. Damit wären wir also unter uns, und ich kann ungeniert Klartext sprechen. Wir Fundis – und ich betrachte dieses Wort keineswegs nur als Schimpfwort! – sind wirklich in der Gefahr, in einer Abgrenzungseuphorie unser Heil zu suchen. Um ja nicht «nach allen Seiten offen zu sein», verbarrikadieren sich manche in ihren geistlich-religiösen vier Wänden. Sie leben ihre «Bunkermentalität» (zuweilen meint man gar ein «Schützengrabendenken» auszumachen) auch im Raum der christlichen Welt, im Reich Gottes. Da werden Barrikaden aufgerichtet und Zäune gezogen zur Abgrenzung gegenüber Brüdern und Schwestern, nur weil die ein «anderes Gesangbuch» haben oder die Fragen in ihrem Katechismus eine andere Reihenfolge aufweisen. Wie viele Grabenkämpfe spielen sich ab wegen unterschiedlicher Auffassungen in Sachen Taufe oder Geistesgaben oder was man als Christ darf und nicht darf!?

Wer in diesen Fragen nicht etwas mehr «nach allen Seiten offen ist», der ist wirklich nicht dicht, nicht dicht dran. Nämlich nicht «dicht dran bei Jesus». Zu den größten Anliegen von Jesus gehörte es, daß wir «alle eins seien» (Johannes 17,11). Damit diese Bitte erfüllt werden kann, müssen wir wohl alle noch ein gutes Stück offener werden.

Stellen Sie sich vor, Sie kämen dereinst an die Himmelstür, und der Herr würde Sie mit der Frage begrüßen: «Was für ein Fundi kommt denn da?» – Würde da reine Freude oder auch etwas Trauer mitschwingen?

«Schaffe, schaffe, Häusle baue!»

Folgen Sie mir in Gedanken in das deutsche Gebiet südlich des Main, nördlich der Donau und östlich des Neckar. Keine Angst, ich will jetzt nicht den geographischen Schulmeister spielen oder Ihnen ein schlechtes Gewissen anhängen, weil Sie in Geographie sowieso ein «Ungenügend» hatten. Ich wollte nur nicht mit Längen- und Breitengraden operieren.

Also noch einmal: Versuchen Sie mir mental zu folgen! Wenn Sie die obengenannten geographischen Angaben verinnerlichen und auf der Landkarte visuell nachvollziehen, gelangen Sie in das Kernland jener Spezies von Menschen, die man gemeinhin mehr oder weniger liebevoll «Schwaben» nennt.

Übrigens, legen auch Sie mich bitte nicht fest

auf die oben angedeuteten Grenzen. Als wir dieses Gebiet im Geographieunterricht durchnahmen, war ich einige Tage mit Mumps im Bett. Inzwischen habe ich erfahren, daß es auch westlich des Neckars Menschen gibt, in deren Adern Schwabenblut fließt.

Daß dies ein ganz besonderer Menschenschlag ist, muß ich Ihnen wahrscheinlich kaum sagen. Weltweit bekannt geworden sind sie durch zwei Zahlen: 7 und 40!

Na klar, die Geschichte mit den Sieben Schwaben, die kennen Sie doch auch, oder? Aber was mit der Vierzig ist, fragen Sie? Nun, Insidern zufolge bekommt der Schwabe mit Vierzig den Verstand. (Offenbar gehören also auch ein kräftiger Schuß Humor und Selbstironie zum Erbgut dieser Spezies!)

Von den Schwaben gibt es auch sonst noch viel Rühmenswertes zu sagen. Es sind fleißige Leute! Eines ihrer geflügelten Worte (manche meinen sogar, es sei ein Bibelwort) lautet: «Schaffe, schaffe, Häusle baue!» Das muß man wohl kaum ins Hochdeutsche übersetzen.

Apropos Bibelwort: Der Spruch auf manchen Todesanzeigen: «Müh' und Arbeit war dein Leben ...», stammt ebenfalls nicht aus der Bibel. Klar, Arbeit gehört mit Sicherheit auch zu unserer Existenz. Problematisch wird es eigentlich erst dort, wo man nicht mehr genau weiß, ob man nun arbeitet, um zu leben, oder ob man lebt, um zu arbeiten.

Die schwäbische Häuslebauer-Mentalität in Ehren. In Sprüche 6,6 steht ein Wort, das man kaum einem Schwaben predigen müßte. Der Verfasser dieses Satzes, Salomo, könnte der geistige Urvater der Schwaben sein. Ideologisch sind sie jedenfalls konform, möchte man annehmen. Da steht also bei Luther: «Geh hin zur Ameise, du Fauler, sieh an ihr Tun und lerne von ihr.»

Nun ist das mit dem Arbeiten so eine Sache. Es wäre zu einfach, wollte man die Menschen einteilen in Schaffer und Faulenzer. In einer Zeit, in der einerseits viele Menschen arbeiten möchten und keinen Arbeitsplatz finden und in der anderseits ein kleiner Teil von Beschäftigten in der Arbeit geradezu ertrinkt, ist die Thematik differenzierter anzugehen.

Wer bei Salomo weiterliest, merkt im übrigen, daß es nicht einfach ums Schaffen oder Nichtschaffen geht, nicht um gestreßte Streber und bequeme Faulenzer. Es geht um die Einstellung und die Motivation.

Hören Sie:

«Wenn sie auch keinen Fürsten noch Hauptmann noch Herrn hat, so bereitet sie doch ihr Brot im Sommer und sammelt ihre Speise in der Ernte. Wie lange liegst du, Fauler! Wann willst du aufstehen von deinem Schlaf? Ja, schlafe noch ein wenig, schlummere ein wenig, schlage die Hände ineinander ein wenig, daß du schlafest, so wird dich die Armut übereilen wie ein Räuber und der Mangel wie ein gewappneter Mann» (Sprüche 6,7-11; Luther).

Die Ameise eignet sich also weniger als schwäbisches Wappentier, sondern sie ist uns vielmehr

Symbol und Vorbild für zielstrebiges und verantwortungsvolles Handeln!

Ich kenne Sie ja nicht und möchte Ihnen auch nicht zu nahe treten. Vielleicht sagen Sie mit Recht: Das ist nicht mein Problem. Erlauben Sie trotzdem ein paar Fragen zum Nachdenken:

- Was bewegt Sie zum Handeln, zum Arbeiten?
- Ist hinausschieben bzw. aufschieben für Sie ein Fremdwort?
- Kennen Sie Sätze wie: Das mach' ich dann ein andermal! Heute habe ich keine Lust dazu! (Oder kennen Sie Gedanken wie: Darauf hab' ich keinen Bock!)?
- Sind Sie in Ihrem Handeln stark von Stimmungen abhängig?
- Sind Sie eher ein Minimalist, also einer, der nur das Allernötigste tut?

Was nun auch immer auf Sie und mich zutreffen mag: Salomo möchte uns gewiß mit feiner Ironie aus der Reserve locken mit seinem dreimaligen «ein wenig».

Vielleicht entmutigen wir uns manches Mal selbst mit einer Minimalisten-Haltung. In Sachen «innere Motivation» wäre es gar nicht so übel, ein Schwabe zu sein!

Der Mann schweige in der Familie!?

Ich weiß schon, ich weiß schon! Das ist eine unhaltbare Aussage. Und in der Bibel steht sie auch nicht. Zum Glück. Aber Ähnliches hat man doch schon gehört und gelesen?! Allerdings sind da das Geschlecht und der Austragungsort anders. Da ist von der Frau und von der Gemeinde die Rede. Wenn Paulus auch nur geahnt hätte, welch eine Lawine er mit diesem Satz auslösen, welche Sturzflut weiblicher Empörung über seine Frauenfeindlichkeit den Erdball überschwemmen, wie viele Streitgespräche und theologische Diskussionen er entzünden und welch ein Ozonloch er in die zwischenmenschliche Atmosphäre der christlichen Gemeinden reißen würde – wahrscheinlich hätte er …

Ja, was hätte er wohl? Ich weiß es nicht. Interpretationen gibt es hierzu schon massenweise. Es wird für mich sicherlich nicht die erste Frage sein, aber eine von meinen ersten, falls ich ihn dann einmal danach fragen kann!

Aber vielleicht wissen Sie gar nicht so recht, wovon ich rede. Das oben angedeutete Paulus-Zitat lautet: «Das Weib schweige in der Gemeinde» (1. Korinther 14,34; alte Lutherübersetzung). Also, ob Paulus wirklich «Weib» gesagt hat, weiß ich eben auch nicht. Er sprach ja Griechisch, und meine Griechischkenntnisse haben sich im Laufe der Jahrzehnte verflüchtigt wie Wassertropfen an der Sonne. Luther hat das besagte Wort in seiner derb-kräftigen Sprache jedenfalls so übersetzt (nur daß das Wort «Weib» seinerzeit gar nicht als derb-kräftig empfunden wurde, sondern unserem Wort «Frau» entsprach). Doch wir wollen nicht an einzelnen Worten hängenbleiben. Uns geht es ja um die Sache! Damit setze ich mich aber schon wieder in die Nesseln. Wie wenn Frauen eine «Sache» wären!

Um ganz klar und eindeutig Position zu beziehen: Ich hätte diese Aussage nicht gemacht. Aber ich habe in der ganzen Angelegenheit eben nicht das entscheidende Wort zu sprechen.

Jahrhunderte hindurch haben sich Männer mit diesem Wort eine Domäne reserviert, wo sie das Sagen haben (selbst wenn sie nichts zu sagen haben – aber darüber haben wir schon an früherer Stelle gesprochen).

Nun bin ich mir gar nicht so sicher, was effektiv was ausgelöst hat: Sind die Männer mit ihrem Zu-Sagen-Haben in der Gemeinde so ausgefüllt und abgestillt, daß sie im Raum der Familie nicht mehr sprechen wollen, oder haben sich die Frauen notgedrungen in diesem Bereich so etabliert, daß Männerworte hier verhallen oder sogar zum Verstummen gebracht worden sind? Wer hat wohl da auf wen reagiert?

Jedenfalls ist es zu einer unheiligen Aufteilung der Macht(!)bereiche und Einflußsphären gekommen, die in beiden Lagern ein Unwohlsein bewirkt. Mehr und mehr Männer (aber noch keine Mehrheit!) möchten darum, daß die Frau auch in der Gemeinde zu Wort kommt. Und die meisten Frauen (trotz einer kleinen Minderheit!) wünschen sich, daß der Mann in der Familie wieder (mehr) das Gespräch aufnimmt.

Das Dilemma ist allerdings, daß Männer in der Familie und Frauen in der Gemeinde sich wie «auf Eis» bewegen. Es fehlt ihnen die Übung. Hier gilt es mit dem ABC zu beginnen.

Wenn Sie mir eine Prognose erlauben: Ich glaube, daß die Frauen im «Sprechenlernen» schneller und besser sind. Aber nur Mut, ihr Männer, wir lernen das Reden in der Familie auch noch!

Kennen Sie «FBB»?

Eines der Kennzeichen unserer Zeit ist der Trend zu Abkürzungen. Eine Firma oder Organisation, die ihren Namen noch voll ausschreibt, ist hoffnungslos veraltet. Abkürzungen sind «in». Ich muß Ihnen da ja sicherlich nicht noch ausführliche Beispiele auftischen. Oder doch? Also eine kleine Kostprobe: EU – UNO – Nato – OSZE – FEG – EKD – GmbH – CSU – FPÖ …

Sie wissen nicht, was diese oder jene Abk. bedeutet? Dann belegen Sie doch bei der Volkshochschule den «MANN»-Kurs! Wie bitte? Was das mit den Männern zu tun hat? Nichts! «MANN» ist einfach die Abkürzung für: «**M**oderne **A**bkürzungen **n**ichtssagender **N**ebensächlichkeiten». So kann man hereinfallen oder sich irren, wenn man nicht bis ins letzte informiert ist. Und wer ist das schon!

Für ähnliche Verwirrung sorgte vor kurzem ein etwas älterer Herr, als er bei einer Demonstration der «FBB» (**F**rauen-**B**efreiungs-**B**ewegung) in antidemonstrativer Weise Flugblätter verteilte. Auch er präsentierte auf einem großen Kartonschild die Buchstaben «FBB». Aber das sollte etwas ganz anderes heißen, nämlich: «**F**erein **b**ro **B**artnerschaft». Es stellte sich dann heraus, daß dieser Herr schon in jungen Jahren, während seiner Schulzeit, einen erbitterten Kampf gegen die Rechtschreibung geführt und immer wieder beachtliche Siege errungen hat und noch immer erringt.

Ich habe mir aus beiden Lagern das angebotene Informationsmaterial mitgenommen und zu Hause gründlich studiert. Dabei machte ich eine ganz erstaunliche Entdeckung. Beide «FBB's» hatten auf *einem* ihrer Flugblätter den haargenau gleichen Bibeltext abgedruckt. Nur der Kommentar dazu war verschieden.

Hier der Text:

«Wem eine tüchtige Frau beschert ist, die ist viel edler als die köstlichsten Perlen. Ihres Mannes Herz darf sich auf sie verlassen, und Nahrung wird ihm nicht mangeln. Sie tut ihm Liebes und kein Leid ihr Leben lang.

Sie geht mit Wolle und Flachs um und arbeitet gerne mit ihren Händen. Sie ist wie ein Kaufmannsschiff; ihren Unterhalt bringt sie von ferne.

Sie steht vor Tage auf und gibt Speise ihrem

Hause, und dem Gesinde, was ihm zukommt. Sie trachtet nach einem Acker und kauft ihn und pflanzt einen Weinberg vom Ertrag ihrer Hände.

Sie gürtet ihre Lenden mit Kraft und regt ihre Arme. Sie merkt, wie ihr Fleiß Gewinn bringt; ihr Licht verlischt des Nachts nicht.

Sie streckt ihre Hand nach dem Rocken, und ihre Finger fassen die Spindel. Sie breitet ihre Hände aus zu dem Armen und reicht ihre Hand dem Bedürftigen. Sie fürchtet für die Ihren nicht den Schnee; denn ihr ganzes Haus hat wollene Kleider. Sie macht sich selbst Decken; feine Leinwand und Purpur ist ihr Kleid.

Ihr Mann ist bekannt in den Toren, wenn er sitzt bei den Ältesten des Landes.

Sie macht einen Rock und verkauft ihn, einen Gürtel gibt sie dem Händler. Kraft und Würde sind ihr Gewand, und sie lacht des kommenden Tages. Sie tut ihren Mund auf mit Weisheit, und auf ihrer Zunge ist gütige Weisung. Sie schaut, wie es in ihrem Hause zugeht, und ißt ihr Brot nicht mit Faulheit.

Ihre Söhne stehen auf und preisen sie, ihr Mann lobt sie: ‹Es sind wohl viele tüchtige Frauen, du aber übertriffst sie alle.›»

(Sprüche 31,10-29; Luther)

Hier wurde kräftig in die Saiten gegriffen! Da muß ja das Herz jeder Frau höher schlagen. Müßte – doch vermutlich haben nicht alle Frauen einen König zum Mann.

Aber eigentlich wollte ich ja noch auf den

Kommentar zurückkommen, der bei den beiden «FBB's» unter diesem Text stand.

Der «**F**erein **b**ro **B**artnerschaft» richtete den heroischen Appell an die Frauen: «Zurück zu den Werten vergangener Zeiten! – Frauen, seid tüchtige Hausfrauen und ordnet Euch Euren Männern unter!»

Bei der «Frauen-Befreiungs-Bewegung» dagegen war zu lesen: «Schluß mit der Unterdrückung der Frauen! – Frauen, verweigert Euch Euren Männern! – Wir fordern das Ende des Patriarchats mit seinen repressiven Manifesten!»

Jetzt möchten Sie sicherlich wissen, welche(n) «FBB» ich unterstütze. Das ist rasch gesagt – ohne Abkürzung: Keine(n)!

Aber glauben Sie nur nicht, daß ich in feiger Unentschlossenheit mich nicht festlegen will. Ich habe sofort eine Initiative gestartet. Sie liegt nun bei den Behörden zur Eintragung ins Register für neue Vereinigungen. Sie heißt kurz und bündig: «FBB»! Diese Abkürzung können Sie freilich noch nicht kennen. Auch im Kurs der Volkshochschule wird sie noch nicht erwähnt.

Es heißt einfach: «**F**örderung **b**iblischer **B**eziehungsstrukturen».

Beitrittsformulare können Sie beim Autor beziehen.

Möchten Sie Krankenkassenprämien sparen?

Also, das ist wirklich zum Mäusemelken! Da könnte man barfuß an der Wand hochgehen! Man könnte sich grün und blau ärgern! Aber genau das sollte man nicht, und das kann man sich auch heutzutage nicht mehr leisten. Denn Sich-Ärgern macht krank, und Krankwerden liegt einfach nicht mehr drin bei den horrenden Prämien und Selbstbehalten der Krankenkassen.

Ich habe bereits detaillierte Berechnungen angestellt, um die Möglichkeit eines Ausstiegs aus der Krankenkasse abzuchecken. Falls ich es fertigbringe, zwei Jahre lang keinen Arzt oder Apotheker zu beanspruchen, und falls ich dann in den beiden folgenden Jahren nur zwei Päckchen Kopfwehtabletten, eine Flasche Hustensirup, zehn Meter Heftpflaster und zwölf Zäpfchen gegen Hämorrhoiden benötige und den Betrag der eingesparten Krankenkassenprämien auf ein Sparkonto überweise, kann ich mir in den späteren Jahren meines Lebens von den Zinsen jedes Jahr eine Operation leisten. Trotzdem würde der Saldo auf meinem Konto eine steigende Tendenz aufweisen.

Ich hätte diesen Schritt bedenkenlos gewagt, wenn nicht in die Phase der Abklärung hinein eine Nachricht geplatzt wäre, die mir eine noch höhere Rendite versprach und mich Abstand nehmen ließ von meinem Vorhaben.

Eine neue Krankenkasse unterbreitete mir nämlich in ihrem Hochglanzprospekt folgendes Angebot: «Da Lachen nachgewiesenermaßen gesund ist, gesund macht und gesund erhält, gewähren wir allen Kunden für jeden guten Witz, den sie in unserem neueingerichteten Lach- und Fröhlichkeitsstudio erzählen, auf die branchenüblichen Prämien einen Nachlaß von je einem Prozent. Falls Sie beim Erzählen Ihrer Witze selbst lachen müssen, verdoppelt sich der Prämienrabatt!»

Daraufhin habe ich, spontan wie ich bin, sofort in der Buchhandlung die vorhandenen sechs Witzbücher gekauft und bin in das besagte Lach- und Fröhlichkeitsstudio gegangen. War das ein Gelächter, kann ich Ihnen sagen!

Mit diesem Coup konnte ich meine Krankenkassenprämien nicht nur auf Null herunterdrükken, sondern noch einen Bonus erzielen! Der wird mir nun monatlich auf mein Sparkonto überwiesen. Unterm Strich übertreffe ich damit noch das Sparergebnis, das ich mir mit meiner selbsterrechneten Methode (siehe oben!) versprochen hatte.

Nun möchten Sie sicher wissen, wie die neue Krankenkasse heißt. Das kann ich Ihnen zwar verraten; allerdings nützt es Ihnen nichts mehr. Nachdem der Prämieninspektor der Kasse meinen Bonus-Vertrag unterzeichnet hatte, bemerkte ein anwesender Krankenkassen-Lehrling: «Falls noch mehr solche Witzbolde kommen, wird das für uns ein Minusgeschäft.»

Daraufhin haben sie die Übung abgeblasen

und die Hochglanzprospekte eingestampft. Tut mir leid für Sie!

Damit Sie nicht total leer ausgehen, will ich Ihnen noch einen heißen Tip geben, wie Sie wenigstens den Selbstbehalt beim Arztbesuch oder in der Apotheke auf ein Minimum reduzieren können. Beherzigen Sie das Rezept, das mein alter Freund Salomo ausgestellt hat. Das können Sie auch ohne Krankenschein einlösen: «Fröhlichkeit ist gut für die Gesundheit, Mutlosigkeit raubt einem die letzte Kraft» (Sprüche 17,22; Die Gute Nachricht).

Falls Sie also den Eindruck haben, ich hätte Sie mit meinen Ausführungen gefoppt und an der Nase herumgeführt, werden Sie trotzdem nicht mutlos, und ärgern Sie sich nicht! Versuchen Sie es mit Salomo. Seine Medizin muß man allerdings *täglich* einnehmen, wenn sie anschlagen soll!

Das kann man doch nicht verpassen!

Daß Frauen jeden Monat ihre kritischen Tage haben, ist hinlänglich bekannt. Wußten Sie aber, daß Männer und Frauen im Jahresablauf auch ihre kritischen *Monate* haben? Nein? Nun, man kann ja schließlich nicht alles wissen! Also, genau genommen sind es zwei kritische Monate. Nicht wahllos irgendwelche. Es sind die beiden Monate, die das erste und das zweite Halbjahr einleiten: der Januar und der Juli. Das hat zwar nichts damit zu tun, daß der eine besonders kalt und der andere besonders heiß ist. Meteorologische Einflüsse könnten ja sonst eine Verschiebung auf Februar oder März bzw. Juni oder August bewirken. Nein, es sind konstant der Januar und der Juli.

Zehn Monate lang können Sie allein oder mit Ihrer Partnerin, Ihrem Partner zusammen gefahrlos in der Einkaufszone der Stadt flanieren. Sie schauen mal nach rechts, mal nach links, werfen einen flüchtigen Blick in die Schaufenster, treten mal näher – aber etwas kaufen? Nein! Schließlich hat man ja nicht Geld wie Heu!

Ganz anders im Januar und im Juli. Das kritische Potential ist direkt augenfällig: Wenn Sie jetzt bummeln, stechen Ihnen die knallig-roten oder grellgelben Plakate mit der magischen Aufschrift «20%» oder «30%» oder gar «50%» in die Augen. Sie wissen schon, was ich meine: Es ist Saison-Schlußverkauf! Ja, wirklich, das sind äußerst kritische Monate. Plötzlich entdeckt man zwei Seelen in seiner Brust. Die rechte Hand, die mehr vom Gehirn gesteuert wird, verkrampft sich an der Gesäß- oder Handtasche, wo sich das Portemonnaie befindet, und hält «die Wacht am Rhein». Die linke Hand aber, die auf der Herzseite, versucht mit großem emotionalem Aufwand, der Geldbörse einige Hunderter zu entreißen.

Nein, diese Angebote kann man sich nun wirklich nicht entgehen lassen! Das wäre geradezu fahrlässig und verantwortungslos. So spottbillig kommt man nie mehr an die Sachen heran!

Ich habe mir ausgemalt, wie das wäre, wenn sogar Schilder mit der Aufschrift «70%» oder gar «90%» in den Schaufenstern hingen. Das läßt mir direkt das Herz höher schlagen! Da spüre ich etwas von der Chance der Einmaligkeit. Man müßte also – lassen Sie sich das mal auf der Zunge zergehen! – nur 10% vom «eigentlichen» Kaufpreis entrichten. Sagenhaft! Da käme man also für 10% in den Genuß des vollen Segens der Konsumgesellschaft! Stellen Sie sich das vor!

Ach ja, träum weiter, Dieter! So weit geht das in der Praxis leider nicht – für 10 Prozent den vollen Segen!

Doch Augenblick mal! Kommt Ihnen dieses Angebot nicht irgendwie bekannt vor? Hat man nicht irgendwo so etwas schon gelesen oder gehört?

Richtig, vor einiger Zeit hat der Pfarrer genau darüber gepredigt. Vom Zehnten, den man geben sollte! ... Was der sich da anmaßt, haben wir gedacht. Wir haben ja schließlich kein Pfarrersgehalt. Unsereiner muß sparen und einteilen. Da spürt man jeden Franken, der einem fehlt. Die Kollekte am Sonntag, klar, da wirft man auch seine Münze rein. Aber den Zehnten!?

Es soll Christen geben, die unaufgefordert «den Zehnten geben». Und es soll Christen geben, die das sogar noch mit Freuden tun.

Es soll auch Christen geben, die ihre Investition wohlüberlegt und abgewogen tätigen. Da wird das Dafür und Dawider genauestens gegenübergestellt. Da werden aufkommende Fragen gründlich ventiliert.

Welche Fragen ich meine? Nun, kennen Sie diese Fragen denn nicht?

- Wird der Zehnte vom Bruttolohn oder vom Nettolohn berechnet?
- Kann man in den Monaten, die mehr als 28 Tage haben, einen Abzug vom Zehnten tätigen?
- Wird die Mehrwertsteuer vom Zehnten abgezogen?
- Kann man geleisteten Zehnten in der Steuererklärung wohl als gemeinnützige Zuwendung steuersenkend aufführen?
- Könnte man nicht die Abonnements der christlichen Zeitschriften vom Zehnten bezahlen?
- Wenn der Zehnten-Betrag eine ungerade Summe ausmacht, darf man dann abrunden?

Kennen Sie noch andere Fragen, die mir nicht bekannt sind? Man ist ja offen für jede Hilfestellung. Was? Sie haben das mit den 10%, dem Zehnten und dem «vollen Segen» noch nicht richtig kapiert? Na, dann lesen Sie einfach einmal nach, was der Prophet Maleachi dazu sagt. Das könnte Ihre Finanzkriterien noch entscheidend beeinflussen!

«Bringt aber die Zehnten in voller Höhe in mein Vorratshaus, auf daß in meinem Hause Speise sei, und prüft mich hiermit, spricht der Herr Zebaoth, ob ich euch dann nicht des Himmels Fenster auftun werde und Segen herabschütten die Fülle» (Maleachi 3,10; Luther).

Aufruf zur Demonstration

Falls Sie eine Frau sind – und zusätzlich gar noch Mitglied einer Frauen-Emanzipationsgruppe –, sollten Sie sich unbedingt den ersten Donnerstag nach Ostern freihalten. Machen Sie an diesem Datum einen dicken roten Strich in Ihren Terminkalender, damit Sie sich nicht aus Versehen noch etwas anderes für diesen Tag vornehmen.

Jetzt möchten Sie sicherlich wissen, was es denn an diesem Donnerstag so Wichtiges gibt. Falls die Bewilligung der Polizei eintrifft, wird dann in Basel auf dem Platz vor dem Brunnen Verlag eine Groß-Demo stattfinden. Da sollten Sie nicht fehlen!

Ich rechne mit Ihnen. Leider kann ich mich nicht dabei blicken lassen. Sie verstehen: Meine maskuline Identität steht mir da im Wege. Aber mit dem Herzen bin ich voll dabei. Ich bin in dieser Zeit in den Verlagsräumen. Wenn sich der Vorhang am Fenster etwas bewegt – das bin ich!

Die Demo steht übrigens unter dem Generalthema: «Frauen aller Länder, vereinigt euch!»

Zusammenhalten war noch nie so nötig wie jetzt. Obwohl ich, wie gesagt, eine maskuline

Identität besitze, schlägt mein Herz in dieser Sache ganz für die Frauen.

Nun komme ich nicht drum herum, den eigentlichen Grund der Demo zu nennen. Das Corpus delicti, das diesen Großaufmarsch provoziert und rechtfertigt, ist das Zitat eines Mannes. Seine Meinungsäußerung kann nicht unwidersprochen hingenommen werden. Irgendwo sind schließlich einmal Grenzwerte erreicht. Was zuviel ist, ist zuviel! Jetzt läuft das Faß über!

Da gibt es auch keine mildernden Umstände für den Urheber, selbst wenn er aus dem altjüdischen Hochadel stammt. Im Gegenteil! So einer sollte erst recht wissen, was sich gehört. Aber Taktgefühl und innerseelische Feinheit sind offensichtlich nicht jedermanns Sache.

Jetzt muß ich erst mal wieder tief Luft holen. Sonst steigere ich mich in eine verbale Hysterie. Plötzlich könnte es dann noch zu einer männlichen Gegen-Demo kommen, bei der auf den Spruchbändern mein Name in nicht gerade feiner Manier kommentiert würde.

Also ganz ruhig, und das belastende Beweisstück ohne jedes falsche Pathos präsentiert! Urteilen Sie selbst. Da schreibt der sonst so weise König Salomo: «Ein schönes Weib ohne Zucht ist wie eine Sau mit einem goldenen Ring durch die Nase» (Sprüche 11,22; Luther).

Merkwürdig – jetzt, wo ich diese Worte nochmals lese und sie sogar langsam und halblaut vor mich hin sage, ändern sie irgendwie ihren Geschmack. So daneben ist dieses Zitat eigentlich gar nicht. Fast möchte ich meinen, daß Salomo eine Art visionäre Vorausschau auf manche TV-Filme hatte. Was da manchmal über den Bildschirm flimmert, ist mit den beiden Worten «ohne Zucht» nur unzureichend beschrieben. Und es betrifft auch keineswegs nur das «schöne Weib».

Vielleicht sollten Sie *dagegen* demonstrieren!? Aber dann nicht in Basel vor dem Brunnen Verlag. Der Platz dort ist sowieso sehr eng.

Falls diese Demo zustande kommt, werde ich auch erscheinen. Nicht nur hinterm Vorhang!

Der Mann sei das Haupt!?

Manchmal überlege ich mir, ob ich nicht total umstellen sollte in meiner Garderobe. Das Problem ist nur, daß ich noch nicht so recht weiß, welchen Stil ich wählen soll. Bei dieser Frage geht es mir keineswegs nur um ein paar unwesentliche Äußerlichkeiten. Es geht nicht darum, ob ich die Krawatte mit einem einfachen oder doppelten Knoten binden soll. Es geht mir auch nicht um den Farbstil (notabene: Ich bin Herbsttyp!). Es geht auch nicht darum, ob ich nur noch Jeans oder Hosen mit Falten anziehen will. All das sind ja letztlich Details. Es geht um viel Grundsätzlicheres!

Ich suche nach einer Bekleidung, die mich nicht schon hundert Meter gegen den Wind als Mann erkennen läßt. Freilich will ich auch keine Frauenkleider tragen. Man kann ja nicht von einem Extrem ins andere fallen. Aber was dann? Ich bin einigermaßen ratlos.

Sie möchten den tieferen Grund meiner existentiellen Überlegungen erfahren? Das dürfen Sie: In den Kreisen, in denen ich mich meistens bewege, sind Männer mit ganz festen und fixen Vorstellungen und Erwartungen belegt. Da kann man sich nicht einfach geben, wie man will. Da ist ein Mann nicht einfach ein Mann; nein, da ist ein Mann ein «Haupt»! Und wehe, wenn sich ein Haupt-Mann nicht wie ein Häupt-ling verhält! Mit zum Schwersten gehört es, daß es keine klar definierte Checkliste fürs Hauptsein gibt, bei der man Punkt für Punkt abhaken kann.

Ich habe einmal spontan eine gereifte Frau gefragt, was ein Haupt/Mann tun müßte, um ein richtiges Haupt zu sein. Als Antwort erhielt ich folgende Beschreibung:

- Ein Haupt sollte vorausgehen (ich hatte immer gedacht, das sei Aufgabe der Füße);
- ein Haupt sollte tatkräftig anpacken (ich hatte immer gemeint, das sei die Aufgabe der Hände);
- ein Haupt sollte Lasten tragen können (ich hatte immer angenommen, das müßten die Schultern tun);
- ein Haupt sollte sich Respekt verschaffen und sich durchsetzen können (ich war immer der Auffassung gewesen, daß dafür die Ellenbogen da sind);

- ein Haupt sollte liebevolles Einfühlungsvermögen haben (das hatte ich immer für Herzenssache gehalten);
- ein Haupt sollte den Durch- und Überblick haben (ich war bisher immer davon ausgegangen, dafür seien die Augen ... aber halt, die sind ja im Kopf);
- ein Haupt sollte im richtigen Augenblick das rechte Wort sprechen (ich hatte bisher den Mund ... aber immerhin, der ist ja auch im Kopf).

Nun soll also das Haupt für das alles zuständig sein? Also, mit dieser Multifunktion fertig zu werden, ist ja wirklich ein Kunststück! Welcher Mann kann denn das? Welcher Mann ist ein solches Universalgenie? Kein Wunder, wenn er sich da diskret zurückzieht und die Fliege macht. Und weil die meisten christlichen Männer sich dieser Absetzbewegung angeschlossen haben, blieb den Frauen überhaupt nichts anderes übrig, als in die Stiefel zu steigen und auch noch die Funktion des Hauptes zu übernehmen (Sie sehen, jetzt gehören sogar noch Stiefel zum Haupt!).

Ehrlich, wenn ich mir das nun in den Einzelheiten vorstelle, dann ist es mir nirgends mehr so recht wohl. Nicht deshalb, weil nun die Frauen die meisten «Körperfunktionen der geistlichen Anatomie» übernommen haben. Nein, weil sie keine andere Wahl hatten, als dies zu tun. Wer soll denn sonst die Verantwortung übernehmen in Ehe und Familie?

Nein, wenn ich's mir recht überlege, will ich doch nach keiner andern Bekleidung Ausschau halten. Ich bleibe in meiner Männergarderobe und versuche, mein Hauptsein zu leben. Aber *ein* neues Kleidungsstück werde ich mir doch noch zulegen: einen Hut!

Damit ich ihn vor all den vielen tapferen Frauen ziehen kann!

Haben Sie heute schon geprahlt?

Damit Sie es von Anfang an wissen: Ich starte heute einen Großangriff auf Ihr Selbstbewußtsein. Wappnen Sie sich ruhig mit einschlägigen Argumenten – Sie werden trotzdem den kürzeren ziehen! Und damit Sie nicht sofort beleidigt zum Telefon greifen oder ein Fax loslassen (ich habe übrigens für beides die gleiche Nummer) und mich mit Vorwürfen und Anschuldigungen bombardieren: Ich bin gestern für unbestimmte Zeit ohne Adreßangabe verreist. Das Geld können Sie sich also sparen.

Um es kurz zu machen: Ihnen fehlt jegliches Gespür für menschliche Bedürfnisse.

Damit ich nicht ungerecht werde und Sie mir den Vorwurf machen, ich könne nicht differenzieren, will ich noch eine Abgrenzung oder Eingrenzung vornehmen: Kinder unter sechs und ältere Leute über sechzig Jahren sind da ausgeklammert. Na schön, auch diese Altersangabe kann noch etwas variieren. Geben wir «unten» noch zwei bis drei Jahre hinzu, und beginnen wir «oben» vier bis fünf Jahre früher. Aber damit hat es sich auch schon. Falls Sie altersmäßig dazwischenliegen, meine ich *Sie*!

Offensichtlich verliert man in dieser Zwischenphase die Fähigkeit, sich an das zu erinnern, was man sich als Kind sehnlichst gewünscht hat und dringend gebraucht hätte. Vielleicht hat man diese Fähigkeit auch gegen Begehrenswerteres eingetauscht, zum Beispiel gegen Selbstbestätigung und Streben nach Höchstleistungen.

Wenn Sie nicht total auf dieser Schiene abgefahren sind, sondern sich noch eine Ahnung von menschlichen Grundbedürfnissen erhalten haben, wissen Sie bereits, was ich meine. Damit Sie aber nicht denken, das sei so ein Spleen von mir, lasse ich Salomo zu Worte kommen: «Alte Menschen sind stolz auf ihre Enkelkinder, und Kinder sind stolz auf ihre Eltern» (Sprüche 17,6).

In der Übersetzung von Martin Luther ist es noch bildhafter formuliert: *«Der Alten Krone sind Kindeskinder, und der Kinder Ehre sind ihre Väter.»*

Haben Sie schon einmal zugehört, wenn Erstkläßler mit dem Können ihrer Väter prahlen? Das mag, objektiv gesehen, völlig übertrieben sein. Doch für die Knirpse stimmt es einfach. Oder sind Sie Zeuge geworden, wie Großmütter von ihren Enkelkindern erzählen? Schönere und intelligentere Kinder gibt es kaum auf diesem Erdenrund. Da drückt der Stolz voll durch, wie ein Fettfleck im Rechenheft.

Klar, daß Übertreibungen auch das Gegenteil

bewirken können; und wer zu dick aufträgt, wird bald unglaubwürdig. Aber wer auf keinen Menschen stolz sein kann und seinerseits nie erlebt, daß andere auf ihn stolz sind, der verkümmert. Wir Menschen sind darauf angewiesen, daß wir stolz sein können – stolz auf uns und stolz auf Menschen, die uns etwas bedeuten.

Es geht hier nicht um den überheblichen Stolz, wo einem der Kamm schwillt ob aller Selbstherrlichkeit; nicht um einen Stolz, der gepaart ist mit Verachtung für den Rest der Welt. Nein, Salomo spricht von einem Stolz, der durch Anerkennung und Wertschätzung, durch Lob und Bejahung unserer Persönlichkeit Selbstvertrauen und eine positive Lebenshaltung vermittelt. Das brauchen Kinder von ihren Eltern!

Haben Sie sich das nicht auch immer gewünscht? Übrigens: Einer hat Ihnen solche Anerkennung (Pardon, «positives Feedback» sagt man heute) nicht vorenthalten. Auch über Ihrem Leben steht das Wort des himmlischen Vaters: *«Du bist mein geliebtes Kind, ich habe Wohlgefallen an dir!»*

Ich plädiere für eine Steuerreform

Das Thema «Steuern» ist fast so alt wie die Menschheit. Welche politische Färbung eine Regierung auch haben mag, auf Steuern hat bis jetzt noch keine verzichtet. Kann sie ja auch nicht, denn jeder Staat braucht schließlich Geld für die Erfüllung seiner Aufgaben. Brauche ich auch, aber leider kann ich keine Steuern erheben.

Abgesehen von ein paar ganz Schlauen und ein paar ganz Reichen kommt auch keiner daran vorbei, seine Steuern zu entrichten. Als Christen sind wir, rein fiskalisch gesehen, ziemlich benachteiligt. Einerseits hat uns Paulus sehr akzentuiert nahegelegt, unseren staatsbürgerlichen Pflichten auch in finanzieller Hinsicht nachzukommen (lesen Sie nur einmal Römer 13,6 und 7), und andererseits bleibt uns aus Gründen der Ehrlichkeit nichts anderes übrig. Wir sind also zeitlebens dazu verdonnert, Steuern zu zahlen. Machen wir's halt!

«Wenn der Staat automatisch abkassieren kann, können wir als Kirche das auch», haben sich einige geistliche Würdenträger gesagt. Das ist schon lange her. Aber es hat funktioniert, bis heute! Ob einer Sonntag für Sonntag die Kirchenbänke abnützt oder nicht, spielt da keine Rolle. Wer getauft ist, zahlt! Basta! Und wurden Sie damals gefragt, ob Sie getauft werden wollten?

Diese kirchlichen Würdenträger mögen ja schlau sein – eines haben sie bis jetzt noch nicht geschnallt: den Trick mit der Mehrwertsteuer. Der Staat ist da viel weiter. Da klettern die Prozente unmerklich, aber kontinuierlich. Die Deutschen haben es bereits auf stattliche 16% geschafft. Die Schweizer hinken etwas hinterher (nicht nur in dieser Sache). Aber langsam riecht man auch bei den Eidgenossen den Braten!

Jetzt bin ich nur gespannt, wann die Kirchen

ihr Steuersystem umstellen. Ich hätte da eine Idee. Die verrate ich aber nur Ihnen. Die in der Kirchenleitung sollen gefälligst selbst drauf kommen. Das meiste Geld wäre nämlich zu machen, wenn man so eine Art Splitting einführen würde: Für die Gutverdienenden, Geschäftstüchtigen, Selbstbewußten wird eine Mehrwertsteuer eingeführt. Je höher ihr Einkommen, ihr Selbstbewußtsein, ihr Ansehen steigen, desto mehr steigen auch die fälligen Steuern. Für die andern, die nicht auf der Sonnenseite leben, gibt es nun nicht, wie Sie vielleicht irrtümlicherweise denken möchten, eine Steuer*entlastung*. Schließlich sind vor Gott alle Menschen gleich. Hier kommt vielmehr eine Minderwertsteuer zum Tragen. Diese orientiert sich nicht – wie die Mehrwertsteuer – am Einkommen, sondern ausschließlich am (mangelnden) Selbstbewußtsein. Das Kirchensteueraufkommen aus dieser Minderwertsteuer dürfte die Kirchen nachhaltig sanieren, denn wie aus statistischen Erhebungen hervorgeht, gibt es in den Reihen der Christen eine sehr hohe Zahl von Menschen, die an Minderwertigkeitsgefühlen leiden. Deshalb sollen sie auch eine Minderwertsteuer zahlen. Der Steuersatz kommt in dem Maße in eine Progression, wie die Minderwertigkeit des Steuerzahlers steigt.

Das ist doch ungerecht, mögen Sie jetzt denken. Und das ausgerechnet bei den Kirchensteuern, ausgerechnet bei den Christen? Da haben Sie völlig recht; das heißt, Sie *hätten* recht, wenn da nicht eine ganz legale Möglichkeit der Steuerbefreiung eingebaut wäre.

Jetzt sind Sie bestimmt gespannt, wie dieses «Steuerschlupfloch» aussieht.

Also: Sie können eine Befreiung von der Minderwertsteuer – oder sagen wir es anders: von der Minderwertigkeit – beantragen. Das ist ganz einfach. Sie müssen nur den Nachweis erbringen, daß Sie täglich einen Satz laut aufsagen und ihn auch glauben: «Du bist in meinen Augen wert geachtet und du bist herrlich, und ich habe dich lieb» (Jesaja 43,4; Luther). Das sage nicht ich, das sagt Gott Ihnen!

Wenn ich Ihnen noch etwas Persönliches verraten darf: Ich zahle schon lange keine Steuern mehr!

Über Risiken und Nebenwirkungen ...

Haben Sie in letzter Zeit auch immer wieder einen hartnäckigen Hustenreiz verspürt? Oder haben Sie gar am Hals einen leicht juckenden, rötlich gefärbten Fleck entdeckt? Was? Nein? Aber sicherlich leiden Sie unter periodischen Stichen in der Nebenniere! Und wenn Sie regelmäßig in der Kniekehle ein Sehnenspannen spüren, dann gehören Sie eben auch zu der Gruppe von Menschen, die ständig wächst. Sie müssen jetzt nicht gleich zum Arzt rennen. Der kann Ihnen auch nicht helfen. Die Pillen, die er Ihnen verschreibt, kosten nur eine Menge Geld. Klar, wie sollen die notleidenden Pharmakonzerne denn sonst die enormen Werbepreise bezahlen, die von den blutsaugerischen öffentlichen Fernsehanstalten verlangt werden? Von den privatwirtschaftlich betriebenen TV-Anbietern wollen wir hier erst gar nicht sprechen. Das würde nämlich den Blutdruck in astronomische Höhen treiben, und man könnte einen plötzlichen Herzkollaps bekommen und dann noch intensiver auf die «Medis» angewiesen sein. Man muß wirklich ungemein aufpassen, daß man nicht in diesen Teufelskreis hineingerät.

Apropos Fernsehwerbung – Sie wissen ja, welches der meistgesendete Werbespot ist. Oder nicht?

«Über Risiken und Nebenwirkungen lesen Sie die Packungsbeilage oder fragen Sie Ihren Arzt oder Apotheker.»

Falls Sie bis anhin meinten, das sei ein Bibelspruch und gehöre zum «Wort zum Sonntag», muß ich Sie diskret aufklären: Das stammt nicht aus der Bibel, sondern aus der Fibel der Pharmaindustrie. Aber auch die meint es ja nur gut mit der Menschheit. Für die Verwaltungsräte der Chemischen sind diese Werbespots fast so etwas wie Evangelium. Diese «Frohe Botschaft» zeigt ihre Früchte an den Notierungen der Aktienbörsen.

Aber jetzt bin ich vom Thema abgewichen.

Also noch einmal von vorn: Wenn Sie die oben genannten Gebrechen Ihres Körpers wahrnehmen, müssen Sie nicht sofort zum Doktor rennen.

Ich kann Ihnen gebührenfrei sagen, um was es sich handelt. Sie haben weder eine Viruserkrankung noch eine Hautallergie, noch einen rheumatischen Schub (wobei letzteres wahrscheinlich in die Grauzone gehört). Es handelt sich vielmehr um typische psychosomatische Symptome.

Nein, Sie müssen jetzt nicht zu Tode erschrecken. Das ist halb so schlimm. Sie sind da in guter Gesellschaft. Die Mehrzahl Ihrer Zeitgenossen steht auf Ihrer Seite. Das ist heutzutage die Art und Weise, wie man auf die Widerwärtigkeiten des Lebens reagiert, vor allem im Bereich der zwischenmenschlichen Beziehungen. Die Verursacher solcher Beschwerden sind nicht Viren, Bazillen oder ähnliches Ungeziefer. Nein, Auslöser sind Ihre lieben Mitmenschen, Ihre Kollegen, eventuell sogar Ihr Mann bzw. Ihre Frau – ich will mich da nicht festlegen. Und noch etwas könnte die Ursache sein. Nehmen Sie es mir bitte nicht übel, wenn ich etwas direkt bin: Sie selbst könnten die Ursache sein! Schließlich hat man ja so seine «stillen Reserven» in der «Waffenkammer der emotionalen Abwehrreaktionen». Falls Sie mit diesen geschwollenen Begriffen nichts anfangen können, fragen Sie Ihren Arzt oder Apotheker. Die sind ja ausgebildet in Sachen Fremdwörter.

Ich kann es auch noch etwas weniger geschraubt sagen: Ursache von psychosomatischen Beschwerden könnten Ärger, Neid, Eifersucht, Haß, negative Gedanken sein. Diese Weisheit stammt nicht von mir. Ich würde mich sonst «von» schreiben, Dieter von Theobald. Sie

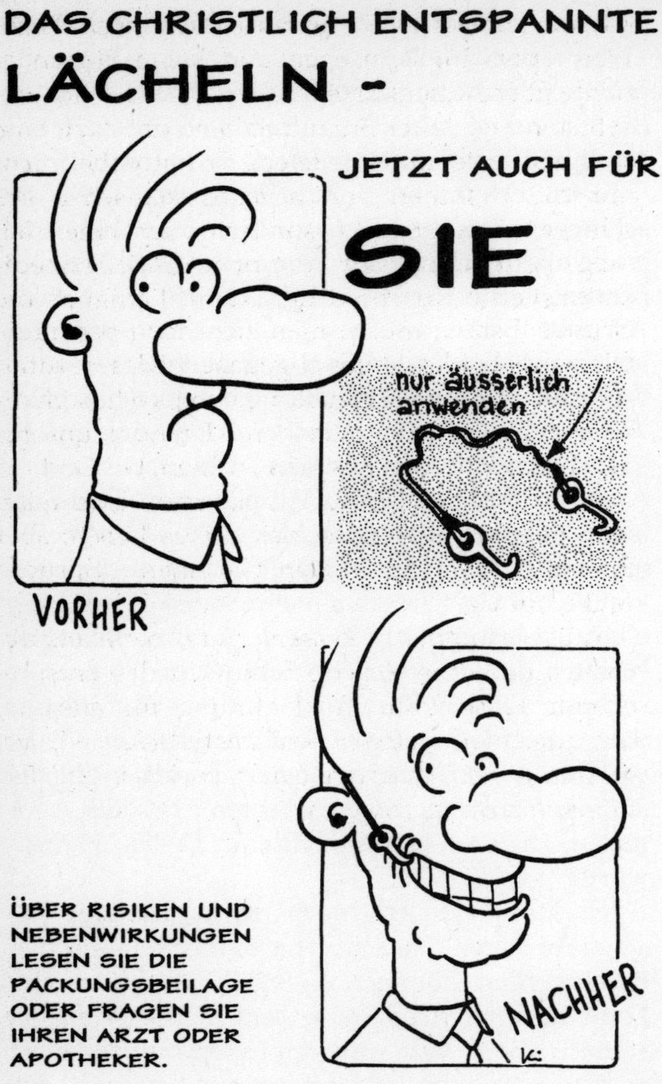
DAS CHRISTLICH ENTSPANNTE
LÄCHELN -
JETZT AUCH FÜR
SIE
nur äusserlich anwenden
VORHER
NACHHER
ÜBER RISIKEN UND NEBENWIRKUNGEN LESEN SIE DIE PACKUNGSBEILAGE ODER FRAGEN SIE IHREN ARZT ODER APOTHEKER.
Ki

stammt vielmehr aus der Zeit *vor* der pharmazeutischen Industrie. Da gab es auch noch keine Werbespots im Fernsehen und keine Börsenberichte über Aktienkurse.

Schon mein alter Freund Salomo hat dazu eine wichtige Erkenntnis geliefert. Er hat dabei nicht nur die Ursachen von psychosomatischen Beschwerden aufgedeckt, sondern auch eine Heilungsmethode offeriert, die man im Selbstmedikationsverfahren anwenden kann. Lediglich die Grundsubstanz müßte man sich dazu besorgen. Die wird aber kostenlos abgegeben. Diese Grundsubstanz für die Selbstheilung von psychosomatischen Leiden kann man beim Erfinder unseres psychosomatischen Systems erbitten, bei Gott.

Aber jetzt das Mittel, das Salomo verschreibt: «Ein gelassenes Herz ist des Leibes Leben; aber Eifersucht ist Eiter in den Gebeinen» (Sprüche 14,30; Luther).

Falls Sie auf das «gelassene Herz» nicht ansprechen, führen Sie sich doch einfach das entsprechende Generikum in «Hoffnung für alle» zu Gemüte: *«Wer gelassen und ausgeglichen ist, lebt gesund. Der Eifersüchtige wird von seinen Gefühlen innerlich zerfressen.»*

«Der Herr aber fügte täglich zur Gemeinde hinzu»

Als Jesus vor dem Vertreter der weltlichen Macht, Pilatus, stand, sagte er: *«Mein Reich ist nicht von dieser Welt!»* Daran hat sich die Gemeinde Jesu seither orientiert. Nicht immer konsequent, nicht immer nur im positiven Sinne. Mancher Rückzug und manches Sich-Abschotten hat nichts mit «Reich Gottes» zu tun. Es gab und gibt so manche Engführung, so manches kleinliche und peinliche Sich-Distanzieren von der Welt, über das Jesus wohl nur seufzen kann.

Die Positionierungen sind keineswegs immer so eindeutig:

Hier Gemeinde,	dort die Gesellschaft,
hier Reich Gottes,	dort die Welt,
hier die Guten,	dort die Bösen,
hier die Wahrheit,	dort der Trug.

Und selbstverständlich ist das, was sich so landauf, landab als Gemeinde etabliert hat, nicht ein gesiebtes Konzentrat der Gemeinde Jesu. Trotzdem hat Jesus diese Gemeinden lieb – oder besser: die Menschen, die sich da versammeln. Er hat ihnen handfeste Zusagen und Verheißungen gegeben. Da würde der «Shareholder Value» so mancher Firma in astronomische Höhen klettern, wenn sie solche Sicherheitsgarantien hätte!

Übrigens ist der Vergleich mit einer weltlichen Firma, einem Wirtschaftsunternehmen, gar nicht so aus der Luft gegriffen; zwar nicht im Hinblick auf Jesus, aber was sein Fußvolk betrifft. Jedenfalls habe ich den Eindruck, daß in vielen christlichen Gemeinden Kriterien und Strategien zum Tragen kommen, die man auch in der Geschäftswelt heute beobachten kann. Was ich meine? Ich kann ja einige Stichworte nennen:

- Freie Marktwirtschaft
- Gewinnmaximierung
- Personalfluktuation
- Angebot und Nachfrage
- Spezialangebote
- Konkurrenzkampf
- Kaderselektion
- Fusion
- Werkspionage

Genug davon! Ich denke, Sie sind in der Lage, diese Begriffe in die Situation der christlichen Gemeinde zu übertragen. Aber das wäre ja eigentlich gar nicht wünschenswert. Dann hoffe ich, daß Sie in der Lage sind, diese Vorgänge in der Gemeinde zu erkennen und zu entlarven. Das wäre ein ungemein großer Gewinn für Ihre Firma – Pardon, Gemeinde.

Kürzlich saß ich in der Wohnstube eines frei-

FEG
EMK
CG
GFU
LK
SPM
VFMG
CHURCH ON THE MOVE
FRÖHLICHE
WANDERN
VON EINER
GEMEINDE
ZUR
ANDERN

kirchlichen Pastors. Wir kamen auf die Bewegung in den christlichen Gemeinden heute zu sprechen. Jawohl, «Bewegung» ist da sicherlich das richtige Wort. Denn es ist etwas in Bewegung heute! Und vor allem die Gemeindeglieder sind in Bewegung. Von einer Gemeinde zur andern. Wechsel ist angesagt.

Das waren noch Zeiten, als man von seinen Eltern in eine Gemeinde hineingeboren und von den Ältesten 70 oder 80 Jahre später wieder hinausgetragen wurde. Das passiert heute kaum noch. Da ist ein Kommen und Gehen, da ist Wachstum und Rückgang. Und vor allem: Es entstehen immer neue Gemeinden. Wie Pilze im feuchten Waldboden schießen sie empor. Was, Sie haben noch keine eigene Gemeinde gegründet? Fehlt Ihnen denn jegliche Initiative? Oder haben Sie einfach noch nicht das spezifische Etwas entdeckt, das auf dem Markt der Möglichkeiten bisher fehlt? Dann wird es aber Zeit, daß Sie sich profilieren und etablieren. Ein paar Gleichgesinnte und ein leeres Fabrikgebäude werden Sie doch noch finden! Und wenn Sie Glück haben, wird Ihre Gemeinde wachsen. Schließlich sind doch genug Leute in andern Gemeinden, die gerne einmal wechseln möchten.

Übrigens, der Pastor sprach in diesem Zusammenhang von einem «Transfer-Wachstum». Eine Gemeinde wächst, weil Glieder anderer Gemeinden sich «überweisen» lassen oder sich selbst «überweisen». Wirklich «Neue» kommen kaum hinzu. Eine Bestandsaufnahme der Gemeinden der Stadt, in der dieser Pastor wirkt, hat ergeben, daß die Gesamtzahl der Christen im Ort in den letzten zwanzig Jahren kaum gestiegen ist. Wachstum durch Wechsel ist angesagt. Die schrumpfenden Gemeinden sind selber schuld.

Doch da erinnere ich mich an ein Wort, das in der Apostelgeschichte niedergeschrieben ist: «Der Herr aber fügte täglich zur Gemeinde hinzu» (Apostelgeschichte 2,47; Luther). – Im Zusammenhang mit der Urgemeinde lese ich nur von «hinzutun», nicht von Abgängen und Wechseln. Den einzigen Abgang, von dem die Bibel berichtet (soweit ich das in Erinnerung habe), bildete das Ehepaar Ananias und Saphira. Aber diesen Transfer hat der Herr wohl nicht als Normalfall vorgesehen!

Leiderpersönlichkeiten

Vielleicht schütteln Sie jetzt den Kopf und denken: «Daß der Theobald die deutsche Sprache nicht besser beherrscht! Aber dann sollten wenigstens die im Lektorat des Brunnen Verlags den dummen Fehler korrigieren!»

Oder Sie stöhnen gequält: «Oh, nein, diese neue deutsche Rechtschreibung! Einfach unmöglich! Das tut einem ja in den Augen weh!»

Vielleicht grübeln Sie auch über mögliche Deutungsvarianten nach: «Was meint er wohl? Leiden da Persönlichkeiten? Oder leiden andere an gewissen Persönlichkeiten? Oder …?»

Sie sehen, es gibt verschiedene Möglichkeiten. Damit Sie sich nicht länger ärgern oder den Kopf zerbrechen müssen, will ich es Ihnen gleich verraten: Das anstößige «d» im Titel ist überhaupt kein Fehler, und im reformierten Rechtschreibduden (ja, ja, so etwas gibt's seit 1996) werden Sie «Leiderpersönlichkeiten» weder in roten noch in schwarzen Druckbuchstaben finden. Meine ganz persönliche Schreibweise hat dafür mit Leiden sehr viel zu tun. Lassen Sie es mich so auf den Punkt bringen: Es gibt Leiterpersönlichkeiten, die auch Leiderpersönlichkeiten sind!

Ein Leiter (beschränken wir uns hier einmal auf den christlichen Bereich) hat die Führungsverantwortung für eine Gemeinde, eine Bewegung, ein Werk, eine Denomination. Im Unterschied zum Leiter eines Ersatzteillagers – um ein Beispiel zu nennen – hat er es mit Menschen und nicht mit Dingen zu tun. «Das ist ja gerade das Schöne daran», werden Sie jetzt sagen. Stimmt!

Menschen zu leiten, zu begleiten, zu führen ist schön. Aber es ist auch eine ungemein schwere Aufgabe, eine Aufgabe mit hoher Verantwortung. Fragen Sie doch bei Gelegenheit einmal den Leiter Ihrer Kirche oder Ihres Gemeindeverbandes!

In vielen Situationen wird eine Leiterpersönlichkeit zu einer Leiderpersönlichkeit. Einmal in dem Sinne, daß der Leiter an der eigenen Persönlichkeit leidet. Daß er sich fragt: «Bin ich überhaupt am richtigen Platz? Sollte ich nicht besser den Sessel räumen? Gibt es nicht andere, die das kompetenter machen würden?»

Aber das eigentliche Leiden resultiert nicht in

erster Linie aus mangelnder Kompetenz. Es hat auch nicht primär etwas mit der körperlichen, seelischen oder geistlichen Konstitution des Leiters zu tun.

Im Jahresbericht einer Freikirche las ich, daß sie 18'650 Gottesdienstbesucher zählt. In der Praxis bedeutet das: In dieser Freikirche gibt es in theologischen Auseinandersetzungen, in Strukturfragen und in Diskussionen über Traditionen und Gemeindeangelegenheiten 18'650 (plus ca. fünfzehn Prozent mehr) verschiedene Meinungen und Ansichten. Fast alle Gemeindemitglieder wollen irgendwann einmal vom Hauptverantwortlichen wissen, welche Überzeugung und Haltung *er* vertritt. Und wehe, wenn er nicht die Auffassung des oder der Fragenden unterstützt! Dann ist Leiden vorprogrammiert.

Das Leiden der Leiterpersönlichkeiten entzündet sich daran, daß viele Gläubige in den Gemeinden an mangelnder Toleranz, Liebe und Barmherzigkeit leiden. Sturheit und Besserwisserei sowie fanatisches Beharren auf eigenen Positionen kommen nicht in den Gabenkatalogen vor, in denen Paulus im Neuen Testament die Geschenke des Heiligen Geistes an die Nachfolgerinnen und Nachfolger Jesu aufführt.

Vielleicht brauchten wir «einfachen Gemeindemitglieder» wieder neu ein heilsames und heiliges Leiden an der eigenen ungeheiligten Persönlichkeit, damit christliche Leiterpersönlichkeiten (und ganz gewöhnliche Brüder und Schwestern in der Gemeinde) nicht mehr Leiderpersönlichkeiten sein müssen ...

Das «evangelikale Evangelium»

Ihr verdutztes Gesicht beweist mir, daß Ihnen dieses Evangelium unbekannt ist. Bisher sind Sie nur den Evangelien nach Matthäus, Markus, Lukas und Johannes begegnet. Wenn Sie ganz gut in der Bibel bewandert sind, kennen Sie auch die Worte des Apostels Paulus an die Christen in Galatien: «Ihr meint, ein anderes Evangelium ... gefunden zu haben? Dabei kann es gar kein anderes Evangelium geben! ... Wer euch aber einen anderen Weg zum Heil zeigen will als das Evangelium, das wir euch verkündigt haben, den wird Gottes Urteil treffen; auch wenn wir selbst das wären oder gar ein Engel vom Himmel» (Galater 1,6-8). Und nun soll es angeblich doch noch ein «anderes Evangelium» geben? Ich kann Sie beruhigen: Das «evangelikale Evangelium» finden Sie in keiner Bibelausgabe. Es wird nämlich nur mündlich überliefert – nein, ich korrigiere mich, auch im außerbiblischen christlichen Bücherwald hat es deutliche Spuren hinterlassen – und dann auch ganz handfest im praktischen Lebensvollzug. Aber gerade das ist ja letztlich das Entscheidende: die gelebte Praxis. Auf die schaut man. Was nicht gelebt wird, sollte auch nicht gelehrt werden!

Nun vermute ich, daß Sie inzwischen recht neugierig geworden sind, was denn in diesem «evangelikalen Evangelium» alles gesagt wird.

Da es nicht schriftlich fixiert ist, kann ich es Ihnen auch hier nicht als Ganzes präsentieren. Außerdem würde es wahrscheinlich den Platz sprengen, der mir zur Verfügung steht. Die meisten Passagen des «evangelikalen Evangeliums» kennen Sie allerdings wahrscheinlich sowieso. Die liegen einem guten Pietisten einfach im Blut. Auch werden sie immer wieder – nur leider ohne korrekte Quellenangabe! – auszugsweise in Predigten zitiert oder durch erwartungsvolle Blicke von Gemeindeleitern und Ältesten kommuniziert. Ich bin überzeugt: Auch Sie sind längst davon infiziert.

So greife ich einfach einmal ein paar Zitate heraus, und Sie können mir dann hinterher sagen, ob sie Ihnen schon bekannt waren und ob sie bei Ihnen bereits einen «Sitz im Leben» haben.

Arbeite freudig und unermüdlich für den Herrn und seine Sache. Laß dich durch nichts davon abbringen. Wirke, solange es Tag ist, und kaufe die Zeit aus. Sei allezeit bereit, Zeugnis zu geben, sei es bei Tag oder bei Nacht.

Prüfe dich täglich, ob du genug getan hast. Werde nicht lau und träge. Denn die, die träge werden, haben ihren Lohn dahin!

Predige als Botschafter des «unverkürzten Evangeliums» nicht nur die Gnade, sondern auch die ernste Botschaft, daß es schrecklich ist, in die Hände des lebendigen Gottes zu fallen! Das spornt zu heiligem Eifer an und bewahrt vor lässigem Nichtstun.

Einsatzbereite Hingabe an die Sache des Reiches Gottes läßt keinen Raum für private Interessen. Überprüfe darum gewissenhaft, ob du in deinem Alltag noch Kapazitäten für Hobbys und andere Nebensächlichkeiten vergeudest, die du lieber mit dem Dienst für Gott ausfüllen solltest.

Löse dich von den weltlichen Lüsten nach freien Tagen, nach Entspannung und erholsamen Ferien. Bedenke, daß das Einfallstore des Feindes sind, der dich zur Untätigkeit verführen möchte. Du weißt doch: Ein Christ ist immer im Dienst!

Laß nicht zu, daß körperliche Müdigkeit und depressive Erschöpfung deinen Einsatz in der Gemeinde bremsen. Denn die in der Arbeit für den Herrn verharren, kriegen neue Kraft!

Ermutige und ermahne deine Brüder und Schwestern im Glauben, die nicht mit gleichem Eifer und gleicher Hingabe wirken wie du, das Feuer der Liebe neu zu entfachen und keinen Einsatz zu scheuen, damit dermaleinst ihre gutgemeinten Taten und Werke nicht verbrennen wie trockenes Stroh!

Ihr Nicken bestätigt mir, daß Ihnen diese Worte aus dem «evangelikalen Evangelium» nicht unbekannt sind. Sie müssen mir gar nicht beichten, daß auch Sie diese Worte schon verinnerlicht haben. Schließlich ist es ja gut, wenn die Predigt Auswirkungen hat. Es ist gut, wenn der Same auf fruchtbares Land fällt. Oder nicht?

Manche dieser Appelle (habe ich jetzt wirklich

«Appelle» gesagt? Wie komme ich nur dazu? Wegen der Anfangs-Initialen meiner kleinen Liste?) – also, noch einmal: Manche dieser Aussagen, zumindest Wortteile davon, stehen ja wirklich in der Bibel. Sie sind bedenkens- und beachtenswert. Aber vielleicht müßte man ihnen noch andere Aussagen der Bibel zur Seite stellen, damit sie nicht Schlagseite bekommen. Sonst können sie einen nämlich wirklich erschlagen!

Übrigens – wissen Sie eigentlich, in welchem Evangelium die Worte Jesu stehen: «Kommt her zu mir, die ihr mühselig und beladen seid; ich will euch erquicken … Mein Joch ist sanft und meine Last ist leicht»?